사경

華嚴経普賢行願品

화엄경보현행원품

불광출판사

대방광불화엄경행원품신중합大方廣佛華嚴經行願品神衆合 변상도. 고려(1350), 국립중앙박물관 소장.
감색 종이에 금으로 쓰고 그림.

普賢
菩薩

사경 화엄경보현행원품

2018년 1월 2일 초판 1쇄 발행

엮은이 편집부
발행인 박상근(至弘) • 편집인 류지호 • 상무 이영철 • 편집 김성동, 최배문, 유윤정, 김우진
디자인 쿠담디자인 • 제작 김명환 • 마케팅 허성국 김대현 최창호 양민호 • 관리 윤애경
펴낸 곳 불광출판사 (03150) 서울시 종로구 우정국로 45-13, 3층
　　　　대표전화 02) 420-3200　편집부 02) 420-3300　팩시밀리 02) 420-3400
　　　　출판등록 1979. 10. 10.(제300-2009-130호)
　　　　ISBN 978-89-7479-374-6　03220

　　　　이 도서의 국립중앙도서관 출판시도서목록(CIP)은
　　　　서지정보유통지원시스템 홈페이지(http://seoji.nl.go.kr)와
　　　　국가자료공동목록시스템(http://www.nl.go.kr/kolisnet)에서 이용하실 수 있습니다.
　　　　(CIP 제어번호: CIP2017033881)

사경

화엄경보현행원품

我今誓願盡未来
所成經典不爛壞
假使三灾破大千
此經与空不散破
若有衆生於此經
見佛聞經敬舍利
發菩提心不退轉
修普賢因速成佛
新羅白紙墨書 大方廣佛華嚴經 緣起法師

내 이제 일념으로 서원하노니 미래세 다하도록
필사한 이 경전 파손되지 말기를
설사 삼재로 삼천대천세계 부서진다 해도
이 사경은 허공 마냥 파괴되지 말지어다
만약 중생들이 이 경에 의지하여
부처님 뵈옵고 법문 들으며 사리 받들고
보리심을 발하여 용맹정진하고
보현보살의 행원을 닦으면 속히 성불하리라

신라백지묵서 대방광불화엄경 연기법사

爾時 普賢菩薩摩訶薩 稱歎如來

勝功德已 告諸菩薩 及善財言 善

男子 如來功德 假使十方一切諸

佛 經不可說不可說 佛刹極微塵

數劫 相續演說 不可窮盡 若欲成

就此功德門　應修十種廣大行願
何等為十一者　禮敬諸佛二者
稱讚如來三者　廣修供養四者懺
悔業障五者　隨喜功德六者請轉
法輪七者　請佛住世八者常隨佛
學九者恒順眾生十者普皆廻向

善財白言 大聖 云何禮敬 乃至廻
向普賢菩薩 告善財言 善男子 言
禮敬諸佛者 所有 盡法界虛空界
十方三世 一切佛刹極微塵數 諸
佛世尊 我以普賢行願力故 起深

信解　如對目前　悉以清淨身語意

業　常修禮敬　一一佛所　皆現不可

說不可說　佛剎極微塵數身　一一

身　遍禮　不可說不可說　佛剎極微

塵數佛　虛空界盡　我禮乃盡　以虛

空界　不可盡故　我此禮敬　無有窮

盡 如是乃至眾生界盡 眾生業盡 眾生煩惱盡 我禮乃盡 而眾生界 乃至煩惱 無有盡故 我此禮敬 無有窮盡 念念相續 無有間斷 身語意業 無有疲厭

復次　善男子　言　稱讚如來者　所有　盡法界虛空界　十方三世一切剎土所有極微　一一塵中　皆有一切世界極微塵數佛　一一佛所　皆有菩薩海會圍遶　我當悉以甚深勝

解現前知見　各以出過辯才天女
微妙舌根　一一舌根出　無盡音聲
海一一音聲出　一切言辭海　稱揚
讚歎一切如來諸功德海　窮未來
際　相續不斷　盡於法界　無不周遍
如是虛空界盡　眾生界盡　眾生業

盡眾生煩惱盡 我讚乃盡 而虛空界 乃至煩惱 無有盡故 我此讚歎 無有窮盡 念念相續 無有間斷 身語意業 無有疲厭

4 供養分

復次　善男子　言　廣修供養者　所有

盡法界　虛空界　十方三世　一切佛

刹極微塵中　一一各有　一切世界

極微塵數佛　一一佛所　種種菩薩

海會　圍遶　我以普賢行願力故　起

深信解 現前知見 悉以上妙諸供
養具而為供養 所謂 華雲 鬘雲 天
天音樂雲 天傘蓋雲 天衣服雲 天
種種香 塗香 燒香 末香 如是等雲
一一量如須彌山王 然 種種燈 酥
燈油燈 諸香油燈 一一燈炷 如須

彌山 一一燈油如大海水 以如是
等 諸供養具 常爲供養
善男子 諸供養中 法供養 最所謂
如說修行供養 利益衆生供養 攝
受衆生供養 代衆生苦供養 勤修
善根供養 不捨菩薩業供養 不

離菩提心供養　善男子　如前供養無量功德　比法供養一念功德　百分不及一　千分不及一百千俱胝那由他分　迦羅分　算分　數分　諭分優婆尼沙陀分　亦不及一　何以故以諸如來尊重法故　以如說修行　出

生諸佛故 若諸菩薩 行法供養 則
得成就供養 如來 如是修行 是 眞
供養故 此 廣大最勝供養 虛空界
盡 眾生界盡 眾生業盡 眾生煩惱
盡 我供 乃盡 而虛空界 乃至 煩
惱不可盡故 我此供養 亦無有盡

念念相續　無有間斷　身語意業　無

有疲厭

5　懺悔分

復次　善男子　言　懺除業障者　菩

薩　自念　我於過去無始劫中　由貪

瞋癡 發身口意 作諸惡業 無量無
邊 若此惡業 有體相者 盡虛空界
不能容受 我今 悉以清淨三業 遍
於法界極微塵剎 一切諸佛菩薩眾
前 誠心懺悔 後不復造 恒住淨戒
一切功德 如是 虛空界盡 眾生界

盡眾生業盡　眾生煩惱盡　我懺乃

盡而虛空界　乃至眾生煩惱　不可

盡故　我此懺悔　無有窮盡　念念相

續　無有間斷　身語意業　無有疲厭

復次　善男子　言　隨喜功德者　所有　盡法界虛空界　十方三世一切佛剎　極微塵數　諸佛如來　從初發心　爲一切智　勤修福聚　不惜身命　經　不可說不可說　佛剎極微塵數

劫 一劫中捨　不可說不可說佛
刹極微塵數頭目手足　如是一切
難行苦行　圓滿種種波羅蜜門　證
入種種　菩薩智地　成就諸佛無上
菩提　及般涅槃　分布舍利　所有善
根　我皆隨喜　及彼十方一切世界

六趣四生　一切種類　所有功德　乃
至一塵　我皆隨喜　十方三世一切
聲聞　及辟支佛　有學　無學　所有功
德　我皆隨喜　一切菩薩　所修無量
難行苦行　志求　無上正等菩提　廣
大功德　我皆隨喜　如是　虛空界盡

眾生界盡 眾生業盡 眾生煩惱盡

我此隨喜 無有窮盡 念念相續 無

有間斷 身語意業 無有疲厭

7 請法分

復次 善男子 言 請轉法輪者 所有

盡法界虛空界十方三世一切佛剎
極微塵中 一一各有 不可說不可
說佛剎 極微塵數 廣大佛剎 一一
剎中 念念有 不可說不可說佛剎
極微塵數 一切諸佛 成等正覺 一
切菩薩海會 圍遶 而我悉以身口

意業　種種方便　慇懃勸請　轉妙法輪　如是虛空界盡　眾生界盡　眾生業盡　眾生煩惱盡　我常勸請一切諸佛　轉正法輪　無有窮盡　念念相續　無有間斷　身語意業　無有疲厭

復次　善男子　言　請佛住世者　所有

盡法界虛空界　十方三世　一切佛

刹　極微塵數　諸佛如來　將欲示現

般涅槃者　及諸菩薩　聲聞緣覺

學無學　乃至一切諸善知識　我悉

勸請 莫入涅槃 經於一切佛剎極
微盡數劫 爲欲利樂一切眾生 如
是虛空界盡 眾生界盡 眾生業盡
眾生煩惱盡 我此勸請 無有窮盡
念念相續 無有間斷 身語意業 無
有疲厭

復次 善男子 言 常隨佛學者 如此娑婆世界 毘盧遮那如來 從初發心 精進不退 以不可說不可說身命 而為布施 剝皮為紙 析骨為筆 刺血為墨 書寫經典 積如須彌

爲重法故　不惜身命　何況王位城
邑聚落　宮殿園林　一切所有　及餘
種種難行苦行　乃至樹下成大菩
提　示種種神通　起種種變化　現種
種佛身　處處種種衆會　或處一切諸
大菩薩衆會道場　或處聲聞及辟支

佛眾會道場　或處轉輪聖王小王
眷屬　眾會道場　或處剎利及婆羅
門　長者居士眾會道場　乃至　或處
天龍八部人非人等眾會道場　處於
如是種種眾會　以圓滿音　如大雷
震　隨其樂欲　成熟眾生　乃至示現

入於涅槃 如是一切 我皆隨學 如

今世尊毘盧遮那 如是 盡法界虛

空界 十方三世 一切佛刹 所有塵

中 一切如來 皆亦如是 於念念中

我皆隨學 如是 虛空界盡 眾生界

盡 眾生業盡 眾生煩惱盡 我此隨

學 無有窮盡 念念相續 無有間斷

身語意業 無有疲厭

10 隨順分

復次 善男子 言 恒順眾生者 謂盡

法界虛空界 十方刹海 所有眾生

種種差別　所謂卵生胎生濕生化
生　或有依於　地水火風而生住者
或有依空　及諸卉木而生住者種
種生類　種種色身　種種形狀　種種
相貌　種種壽量　種種族類　種種名
號　種種心性　種種知見　種種欲樂

種種意行　種種威儀　種種衣服　種
種飲食　處於種種村營聚落城邑宮
殿　乃至一切天龍八部人非人等
無足二足　四足多足　有色無色　有
想無想　非有想　非無想　如是等類
我皆於彼　隨順而轉　種種承事　種

種供養 如敬父母 如奉師長及阿羅
漢 乃至如來 等無有異 於諸病苦
爲作良醫 於失道者 示其正路 於
暗夜中 爲作光明 於貧窮者 令得
伏藏 菩薩 如是 平等饒益一切衆
生 何以故 菩薩 若能隨順衆生 則

爲隨順供養諸佛 若於眾生 尊重
承事 則爲尊重承事如來 若令眾
生生歡喜者 則令一切如來 歡喜
何以故 諸佛如來 以大悲心 而爲
體故 因於眾生 而起大悲 因於大
悲 生菩提心 因菩提心 成等正覺

譬如曠野沙磧之中 有大樹王若根得水 枝葉華果 悉皆繁茂 生死曠野 菩提樹王 亦復如是 一切衆生而爲樹根 諸佛菩薩而爲華果 以大悲水 饒益衆生 則能成就諸佛菩薩智慧華果 何以故 若諸菩

薩以大悲水饒益眾生則能成就阿耨多羅三藐三菩提故是故菩提屬於眾生若無眾生一切菩薩終不能成無上正覺善男子汝於此義應如是解以於眾生心平等故則能成就圓滿大悲以大悲心隨

眾生故 則能成就供養如來 菩薩

如是隨順眾生 虛空界盡 眾生界

盡 眾生業盡 眾生煩惱盡 我此隨

順 無有窮盡 念念相續 無有間斷

身語意業 無有疲厭

復次 善男子 言 普皆廻向者 從初
禮拜 乃至隨順 所有功德 皆悉廻
向 盡法界虛空界 一切眾生 願令
眾生 常得安樂 無諸病苦 欲行惡
法 皆悉不成 所修善業 皆速成就

關閉一切諸惡趣門　開示人天涅槃

正路　若諸眾生　因其積集諸惡業

故　所感一切極重苦果　我皆代受

令彼眾生　悉得解脫　究竟成就無

上菩提　菩薩　如是所修迴向虛空

界盡　眾生界盡　眾生業盡　眾生煩

惱盡 我此廻向 無有窮盡 念念相
續 無有間斷 身語意業 無有彼厭

12 總結分

善男子 是爲菩薩摩訶薩 十種大願
具足圓滿 若諸菩薩 於此大願 隨順

趣入　則能成熟一切眾生　則能隨順
阿耨多羅三藐三菩提　則能成滿普賢
菩薩　諸行願海　是故　善男子　汝於此
義應如是知　若有善男子善女人　以
滿十方無量無邊　不可說不可說佛
刹極微塵數　一切世界上妙七寶　及

諸人天最勝安樂 布施爾所一切世界
所有眾生 供養爾所一切世界諸佛菩
薩 經爾所佛刹極微塵數劫 相續不
斷 所得功德 若復有人聞此願王
經於耳 所有功德 比前功德 百分不
及一千分不及一 乃至 優婆尼沙陀

分亦不及一　或復有人　以深信心　於此大願　受持讀誦　乃至　書寫一四句偈　速能除滅五無間業　所有世間身心等病　種種苦惱　乃至　佛刹極微塵數一切惡業　皆得銷除　一切魔軍夜叉羅刹　若鳩槃茶　若毘舍闍　若部多

等飲血噉肉　諸惡鬼神　皆悉遠離　或
時發心　親近守護　是故　若人　誦此　願
者行於世間　無有障碍　如空中月　出
於雲翳　諸佛菩薩之所稱讚　一切人
天皆應禮敬　一切衆生　悉應供養　此
善男子　善得人身　圓滿普賢所有功

德 不久 當如普賢菩薩 速得成就微

妙色身 具三十二大丈夫相 若生人天

所在之處 常居勝族 悉能破壞一切惡

趣 悉能遠離一切惡友 悉能制伏一切

外道 悉能解脫一切煩惱 如師子王

摧伏群獸 堪受一切眾生供養

又復是人　臨命終時　最後剎那　一切
諸根　悉皆散壞　一切親屬　悉皆捨離
一切威勢　悉皆退失　輔相大臣　宮城
內外　象馬車乘　珍寶伏藏　如是一切
無復相隨　唯此願王　不相捨離　於一
切時　引導其前　一剎那中　即得往生

極樂世界 到已 即見阿彌陀佛 文殊
師利菩薩 普賢菩薩 觀自在菩薩 彌
勒菩薩等 此諸菩薩 色相端嚴 功德
具足 所共圍遶 其人自見生蓮華中
蒙佛授記 得授記已 經於無數百千
萬億那由他劫 普於十方不可說不可

說世界 以智慧力 隨眾生心 而爲利

益不久 當坐菩提道場 降伏魔軍 成

等正覺 轉妙法輪 能令佛刹極微塵

數世界眾生 發菩提心 隨其根性 教

化成熟 乃至 盡於未來劫海 廣能利

益一切眾生 善男子 彼諸眾生 若聞

若信此大願王　受持讀誦　廣為人說
所有功德　除佛世尊　餘無知者　是故
汝等　聞此願王　莫生疑念　應當諦受
受已能讀　讀已能誦　誦已能持　乃至
書寫　廣為人說　是諸人等　於一念中
所有行願　皆得成就　所獲福聚　無量

無邊　能於煩惱大苦海中　拔濟眾生

令其出離　皆得往生阿彌陀佛極樂

世界

13 重頌分

爾時　普賢菩薩摩訶薩　欲重宣此

義　普觀十方而說偈言

所有十方世界中　三世一切人師子
我以清淨身語意　一切遍禮盡無餘
普賢行願威神力　普現一切如來前
一身復現剎塵身　一一遍禮剎塵佛
於一塵中塵數佛　各處菩薩眾會中

無盡法界塵亦然　深信諸佛皆充滿

各以一切音聲海　普出無盡妙言辭

盡於未來一切劫　讚佛甚深功德海

以諸最勝妙華鬘　妓樂塗香及傘蓋

如是最勝莊嚴具　我以供養諸如來

最勝衣服最勝香　末香燒香與燈燭

一一皆如妙高聚　我悉供養諸如來

我以廣大勝解心　深信一切三世佛

悉以普賢行願力　普遍供養諸如來

我昔所造諸惡業　皆由無始貪瞋癡

從身語意之所生　一切我今皆懺悔

十方一切諸眾生　二乘有學及無學

一切如來與菩薩　所有功德皆隨喜
十方所有世間燈　最初成就菩提者
我今一切皆勸請　轉於無上妙法輪
諸佛若欲示涅槃　我悉至誠而勸請
唯願久住剎塵劫　利樂一切諸眾生
所有禮讚供養福　請佛住世轉法輪

隨喜懺悔諸善根　廻向眾生及佛道
我隨一切如來學　修習普賢圓滿行
供養過去諸如來　及與現在十方佛
未來一切天人師　一切意樂皆圓滿
我願普隨三世學　速得成就大菩提
所有十方一切刹　廣大清淨妙莊嚴

眾會圍遶諸如來　悉在菩提樹王下
十方所有諸眾生　願離憂患常安樂
獲得甚深正法利　滅除煩惱盡無餘
我爲菩提修行時　一切趣中成宿命
常得出家修淨戒　無垢無破無穿漏
天龍夜叉鳩槃茶　乃至人與非人等

所有一切眾生語　悉以諸音而說法

勤修清淨波羅蜜　恒不忘失菩提心

滅除障垢無有餘　一切妙行皆成就

於諸惑業及魔境　世間道中得解脫

猶如蓮華不著水　亦如日月不住空

悉除一切惡道苦　等與一切群生樂

如是經於剎塵劫　十方利益恒無盡
我常隨順諸衆生　盡於未來一切劫
恒修普賢廣大行　圓滿無上大菩提
所有與我同行者　於一切處同集會
身口意業皆同等　一切行願同修學
所有益我善知識　為我顯示普賢行

常願與我同集會　於我常生歡喜心
願常面見諸如來　及諸佛子眾圍遶
於彼皆興廣大供　盡未來劫無疲厭
願持諸佛微妙法　光顯一切菩提行
究竟清淨普賢道　盡未來劫常修習
我於一切諸有中　所修福智恒無盡

定慧方便及解脫　獲諸無盡功德藏
一塵中有塵數剎　一一剎有難思佛
一一佛處眾會中　我見恒演菩提行
普盡十方諸剎海　一一毛端三世海
佛海及與國土海　我徧修行經劫海
一切如來語清淨　一言具眾音聲海

隨諸眾生意樂音　一一流佛辯才海
三世一切諸如來　於彼無盡語言海
恒轉理趣妙法輪　我深智力普能入
我能深入於未來　盡一切劫為一念
三世所有一切劫　為一念際我皆入
我於一念見三世　所有一切人師子

亦常入佛境界中　如幻解脫及威力

於一毛端極微中　出現三世莊嚴剎

十方塵剎諸毛端　我皆深入而嚴淨

所有未來照世燈　成道轉法悟群有

究竟佛事示涅槃　我皆往詣而親近

速疾周徧神通力　普門徧入大乘力

智行普修功德力　威神普覆大慈力
徧淨莊嚴勝福力　無著無依智慧力
定慧方便諸威力　普能積集菩提力
清淨一切善業力　摧滅一切煩惱力
降伏一切諸魔力　圓滿普賢諸行力
普能嚴淨諸刹海　解脫一切眾生海

善能分別諸法海　能甚深入智慧海
普能清淨諸行海　圓滿一切諸願海
親近供養諸佛海　修行無倦經劫海
三世一切諸如來　最勝菩提諸行願
我皆供養圓滿修　以普賢行悟菩提
一切如來有長子　彼名號曰普賢尊

我今廻向諸善根　願諸智行悉同彼

願身口意恒清淨　諸行剎土亦復然

如是智慧號普賢　願我與彼皆同等

我爲徧淨普賢行　文殊師利諸大願

滿彼事業盡無餘　未來際劫恒無倦

我所修行無有量　獲得無量諸功德

安住無量諸行中　了達一切神通力

文殊師利勇猛智　普賢慧行亦復然

我今廻向諸善根　隨彼一切常修學

三世諸佛所稱歎　如是最勝諸大願

我今廻向諸善根　爲得普賢殊勝行

願我臨欲命終時　盡除一切諸障礙

面見彼佛阿彌陀　即得往生安樂剎

我既往生彼國已　現前成就此大願

一切圓滿盡無餘　利樂一切眾生界

彼佛眾會咸清淨　我時於勝蓮華生

親覩如來無量光　現前授我菩提記

蒙彼如來授記已　化身無數百俱胝

智力廣大徧十方　普利一切眾生界

乃至虛空世界盡　眾生及業煩惱盡

如是一切無盡時　我願究竟恒無盡

十方所有無邊刹　莊嚴眾寶供如來

最勝安樂施天人　經一切刹微塵劫

若人於此勝願王　一經於耳能生信

求勝菩提心渴仰　獲勝功德過於彼
即常遠離惡知識　永離一切諸惡道
速見如來無量光　具此普賢最勝願
此人善得勝壽命　此人善來人中生
此人不久當成就　如彼普賢菩薩行
往昔由無智慧力　所造極惡五無間

誦此普賢大願王　一念速疾皆消滅

族姓種類及容色　相好智慧咸圓滿

諸魔外道不能摧　堪為三界所應供

速詣菩提大樹王　坐已降伏諸魔眾

成等正覺轉法輪　普利一切諸含識

若人於此普賢願　讀誦受持及演說

果報唯佛能證知　決定獲勝菩提道

若人誦此普賢願　我說少分之善根

一念一切悉皆圓　成就眾生清淨願

我此普賢殊勝行　無邊勝福皆廻向

普願沈溺諸眾生　速往無量光佛刹

爾時　普賢菩薩摩訶薩　於如來前

說此普賢廣大願王 清淨偈已 善
財童子 踊躍無量 一切菩薩 皆大
歡喜 如來讚言 善哉善哉
爾時 世尊 與諸聖者菩薩摩訶薩 演
說如是不可思議解脫境界勝法門時
文殊師利菩薩 而爲上首 諸大菩薩

及所成熟　六千比丘　彌勒菩薩　而爲

上首　賢劫一切諸大菩薩　無垢普賢

菩薩　而爲上首　一生補處　住灌頂位

諸大菩薩　及餘十方種種世界　普來

集會　一切刹海極微塵數　諸菩薩摩

訶薩衆　大智舍利弗　摩訶目犍連等

而爲上首　諸大聲聞　幷諸人天　一切
世主　天龍　夜叉　乾闥婆　阿修羅　迦
樓羅　緊那羅　摩睺羅伽　人非人等
一切大衆　聞佛所說　皆大歡喜　信受
奉行。

1 序分

爾時　普賢菩薩摩訶薩　稱歎如來勝功德已　告諸菩薩及善財言　善男子　如來功德　假使十方一切諸佛　經不可說不可說佛刹極微塵數劫　相續演說　不可窮盡　若欲成

就此功德門　應修十種廣大行願

何等爲十　一者　禮敬諸佛　二者

稱讚如來　三者　廣修供養　四者　懺

悔業障　五者　隨喜功德　六者　請轉

法輪　七者　請佛住世　八者　常隨佛

學　九者　恒順眾生　十者　普皆廻向

善財白言 大聖 云何禮敬 乃至廻

向普賢菩薩 告善財言 善男子 言

禮敬諸佛者 所有 盡法界虛空界

十方三世 一切佛剎極微塵數 諸

佛世尊 我以普賢行願力故 起深

信解 如對目前 悉以清淨身語意業 常修禮敬 一一佛所 皆現不可說不可說 佛刹極微塵數身 一一身遍禮 不可說不可說 佛刹極微塵數佛 虛空界盡 我禮乃盡 以虛空界 不可盡故 我此禮敬 無有窮

盡 如是乃至眾生界盡 眾生業盡

眾生煩惱盡 我禮乃盡 而眾生界

乃至煩惱 無有盡故 我此禮敬 無

有窮盡 念念相續 無有間斷 身語

意業 無有疲厭

復次　善男子　言　稱讚如來者　所

有　盡法界虛空界　十方三世一切

剎土所有極微　一一塵中　皆有一

切世界極微塵數佛　一一佛所　皆

有菩薩海會圍遶　我當悉以甚深勝

解現前知見　各以出過辯才天女
微妙舌根　一一舌根　出　無盡音聲
海一一音聲　出　一切言辭海　稱揚
讚歎　一切如來諸功德海　窮未來
際　相續不斷　盡於法界　無不周遍
如是虛空界盡　眾生界盡　眾生業

盡眾生煩惱盡 我讚乃盡 而虛空界 乃至煩惱 無有盡故 我此讚歎 無有窮盡 念念相續 無有間斷 身語意業 無有疲厭

復次 善男子 言 廣修供養者 所有
盡法界 虛空界 十方三世 一切佛
刹極微塵中 一一各有 一切世界
極微塵數佛 一一佛所 種種菩薩
海會 圍遶 我以普賢行願力故 起

深信解 現前知見 悉以上妙諸供
養具 而爲供養 所謂 華雲 鬘雲 天
天音樂雲 天傘蓋雲 天衣服雲 天
種種香 塗香 燒香 末香 如是等雲
一一量如須彌山王 然 種種燈 酥
燈油燈 諸香油燈 一一燈炷 如須

彌山 一一燈油 如大海水 以如是

等諸供養具 常爲供養

善男子 諸供養中 法供養 最所謂

如說修行供養 利益眾生供養 攝

受眾生供養 代眾生苦供養 勤修

善根供養 不捨菩薩業供養 不

離菩提心供養　善男子　如前供養

無量功德　比法供養　一念功德　百

分不及一　千分不及一　百千俱胝

那由他分　迦羅分　算分　數分　諭分

優婆尼沙陀分　亦不及一　何以故

以諸如來尊重法故　以如說修行　出

生諸佛故　若諸菩薩　行法供養　則
得成就供養　如來　如是修行　是　眞
供養故　此　廣大最勝供養　虛空界
盡　眾生界盡　眾生業盡　眾生煩惱
盡　我供　乃盡　而虛空界　乃至　煩
惱不可盡故　我此供養　亦無有盡

念念相續　無有間斷　身語意業　無

有疲厭

5　懺悔分

復次　善男子　言　懺除業障者　菩

薩　自念　我於過去無始劫中　由貪

瞋癡 發身口意 作諸惡業 無量無
邊 若此惡業 有體相者 盡虛空界
不能容受 我今 悉以清淨三業 遍
於法界極微塵剎 一切諸佛菩薩眾
前 誠心懺悔 後不復造 恒住淨戒
一切功德 如是 虛空界盡 眾生界

盡　眾生業盡　眾生煩惱盡　我懺乃
盡　而虛空界　乃至眾生煩惱　不可
盡故　我此懺悔　無有窮盡　念念相
續　無有間斷　身語意業　無有疲厭

復次　善男子　言　隨喜功德者　所
有　盡法界虛空界　十方三世一切
佛刹　極微塵數　諸佛如來　從初發
心　爲一切智　勤修福聚　不惜身命
經　不可說不可說　佛刹極微塵數

劫一劫中　捨不可說不可說佛

刹極微塵數　頭目手足如是一切

難行苦行　圓滿種種波羅蜜門

入種種　菩薩智地　成就諸佛無上

菩提　及般涅槃　分布舍利　所有善

根我皆隨喜　及彼十方一切世界

六趣四生 一切種類 所有功德 乃
至一塵 我皆隨喜 十方三世 一切
聲聞 及辟支佛 有學 無學 所有功
德 我皆隨喜 一切菩薩 所修無量
難行苦行 志求 無上正等菩提 廣
大功德 我皆隨喜 如是 虛空界盡

眾生界盡　眾生業盡　眾生煩惱盡

我此隨喜　無有窮盡　念念相續　無

有間斷　身語意業　無有疲厭

7 請法分

復次　善男子　言　請轉法輪者　所有

盡法界虛空界十方三世一切佛剎
極微塵中一一各有不可說不可
說佛剎　極微塵數　廣大佛剎
剎中　念念有　不可說不可說佛剎
極微塵數一切諸佛　成等正覺
切菩薩海會　圍遶　而我悉以身口

意業 種種方便 慇懃勸請 轉妙法
輪 如是 虛空界盡 眾生界盡 眾生
業盡 眾生煩惱盡 我常勸請一切
諸佛 轉正法輪 無有窮盡 念念相
續 無有間斷 身語意業 無有疲厭

復次 善男子 言 請佛住世者 所有
盡法界虛空界 十方三世 一切佛
刹 極微塵數 諸佛如來 將欲示現
般涅槃者 及諸菩薩 聲聞緣覺
學無學 乃至一切諸善知識 我悉

勸請 莫入涅槃 經於一切佛刹極
微盡數劫 爲欲利樂一切眾生 如
是虛空界盡 眾生界盡 眾生業盡
眾生煩惱盡 我此勸請 無有窮盡
念念相續 無有間斷 身語意業 無
有疲厭

9 隨學分

復次 善男子 言 常隨佛學者 如

此娑婆世界 毘盧遮那如來 從初

發心 精進不退 以不可說不可說

身命 而爲布施 剝皮爲紙 析骨爲

筆 刺血爲墨 書寫經典 積如須彌

爲重法故　不惜身命　何況王位城
邑聚落　宮殿園林　一切所有　及餘
種種難行苦行　乃至樹下　成大菩
提　示種種神通　起種種變化　現種
種佛身　處種種衆會　或處一切諸
大菩薩衆會道場　或處聲聞及辟支

佛眾會道場　或處轉輪聖王小王

眷屬　眾會道場　或處剎利及婆羅

門　長者居士眾會道場　乃至　或處

天龍八部人非人等眾會道場　處於

如是種種眾會　以圓滿音　如　大雷

震　隨其樂欲　成熟眾生　乃至示現

入於涅槃　如是一切　我皆隨學　如
今世尊毘盧遮那　如是　盡法界虛
空界　十方三世　一切佛刹　所有塵
中　一切如來　皆亦如是　於念念中
我皆隨學　如是　虛空界盡　眾生界
盡　眾生業盡　眾生煩惱盡　我此隨

學　無有窮盡　念念相續　無有間斷

身語意業　無有疲厭

10 隨順分

復次　善男子　言恒順眾生者　謂盡

法界虛空界　十方剎海　所有眾生

種種差別　所謂卵生胎生　濕生化生　或有依於　地水火風　而生住者　或有依空　及諸卉木　而生住者　種種生類　種種色身　種種形狀　種種相貌　種種壽量　種種族類　種種名號　種種心性　種種知見　種種欲樂

種種意行 種種威儀 種種衣服 種
種飲食 處於種種村營聚落城邑宮
殿 乃至 一切天龍八部人非人等
無足二足 四足多足 有色無色 有
想無想 非有想 非無想 如是等類
我皆於彼 隨順而轉 種種承事 種種

種供養　如敬父母　如奉師長及阿羅
漢　乃至如來　等無有異　於諸病苦
爲作良醫　於失道者　示其正路　於
暗夜中　爲作光明　於貧窮者　令得
伏藏　菩薩　如是　平等饒益一切眾
生　何以故　菩薩　若能隨順眾生　則

爲隨順供養諸佛 若於衆生 尊重
承事 則爲尊重承事如來 若令衆
生生歡喜者 則令一切如來 歡喜
何以故 諸佛如來 以大悲心 而爲
體故 因於衆生 而起大悲 因於大
悲 生菩提心 因菩提心 成等正覺

譬如曠野沙磧之中　有大樹王　若根得水　枝葉華果　悉皆繁茂　生死曠野　菩提樹王　亦復如是　一切眾生　而為樹根　諸佛菩薩　而為華果　以大悲水　饒益眾生　則能成就諸佛菩薩智慧華果　何以故　若諸菩

薩 以大悲水 饒益眾生 則能成就
阿耨多羅三藐三菩提故 是故菩
提 屬於眾生 若無眾生 一切菩薩
終不能成無上正覺 善男子 汝於此
義 應如是解 以於眾生 心平等故
則能成就圓滿大悲 以大悲心隨

眾生故 則能成就供養如來 菩薩

如是隨順眾生 虛空界盡 眾生界

盡 眾生業盡 眾生煩惱盡 我此隨

順 無有窮盡 念念相續 無有間斷

身語意業 無有疲厭

復次 善男子 言 普皆廻向者 從初
禮拜 乃至隨順 所有功德 皆悉廻
向 盡法界虛空界 一切眾生 願令
眾生 常得安樂 無諸病苦 欲行惡
法 皆悉不成 所修善業 皆速成就

關閉一切諸惡趣門　開示人天涅槃
正路　若諸眾生　因其積集諸惡業
故　所感一切極重苦果　我皆代受
令彼眾生　悉得解脫　究竟成就無
上菩提　菩薩　如是所修廻向　虛空
界盡　眾生界盡　眾生業盡　眾生煩

惱盡 我此廻向 無有窮盡 念念相續 無有間斷 身語意業 無有彼厭

12 總結分

善男子 是爲菩薩摩訶薩 十種大願具足圓滿 若諸菩薩 於此大願 隨順

趣入　則能成熟　一切眾生　則能隨順

阿耨多羅三藐三菩提　則能成滿普賢

菩薩　諸行願海　是故　善男子　汝於此

義　應如是知　若有善男子善女人　以

滿十方無量無邊　不可說不可說　佛

刹極微塵數　一切世界上妙七寶　及

諸人天最勝安樂　布施爾所一切世界
所有眾生　供養爾所一切世界諸佛菩
薩　經爾所佛剎極微塵數劫　相續不
斷　所得功德　若復有人　聞此願王　一
經於耳　所有功德　比前功德　百分不
及一千分不及　乃至　優婆尼沙陀

分亦不及一　或復有人　以深信心　於
此大願　受持讀誦　乃至　書寫一四句
偈　速能除滅五無間業　所有世間身
心等病　種種苦惱　乃至　佛刹極微塵
數一切惡業　皆得銷除　一切魔軍夜
叉羅刹　若鳩槃茶　若毘舍闍　若部多

等飲血噉肉 諸惡鬼神 皆悉遠離 或時發心 親近守護 是故 若人 誦此願者 行於世間 無有障碍 如空中月 出於雲翳 諸佛菩薩之所稱讚 一切人天 皆應禮敬 一切眾生 悉應供養 此善男子 善得人身 圓滿普賢所有功

德不久當如普賢菩薩速得成就微妙色身具三十二大丈夫相若生人天所在之處常居勝族悉能破壞一切惡趣悉能遠離一切惡友悉能制伏一切外道悉能解脫一切煩惱如師子王摧伏群獸堪受一切眾生供養

又復是人　臨命終時　最後剎那　一切
諸根　悉皆散壞　一切親屬　悉皆捨離
一切威勢　悉皆退失　輔相大臣　宮城
内外　象馬車乘　珍寶伏藏　如是一切
無復相隨　唯此願王　不相捨離　於一
切時　引導其前　一剎那中　即得往生

極樂世界 到已 即見阿彌陀佛 文殊師利菩薩 普賢菩薩 觀自在菩薩 彌勒菩薩等 此諸菩薩 色相端嚴 功德具足 所共圍遶 其人自見生蓮華中 蒙佛授記 得授記已 經於無數百千萬億那由他劫 普於十方不可說不可

說世界 以智慧力 隨衆生心 而爲利

益不久 當坐菩提道場 降伏魔軍 成

等正覺 轉妙法輪 能令佛刹極微塵

數世界衆生 發菩提心 隨其根性 教

化成熟 乃至 盡於未來劫海 廣能利

益一切衆生 善男子 彼諸衆生 若聞

若信此大願王　受持讀誦　廣為人說

所有功德　除佛世尊　餘無知者　是故

汝等　聞此願王　莫生疑念　應當諦受

受已能讀　讀已能誦　誦已能持　乃至

書寫　廣為人說　是諸人等　於一念中

所有行願　皆得成就　所獲福聚　無量

無邊 能於煩惱大苦海中 拔濟眾生

令其出離 皆得往生阿彌陀佛極樂

世界

13 重頌分

爾時 普賢菩薩摩訶薩 欲重宣此

義　普觀十方　而說偈言

所有十方世界中　三世一切人師子

我以清淨身語意　一切遍禮盡無餘

普賢行願威神力　普現一切如來前

一身復現剎塵身　一一遍禮剎塵佛

於一塵中塵數佛　各處菩薩眾會中

無盡法界塵亦然　深信諸佛皆充滿
各以一切音聲海　普出無盡妙言辭
盡於未來一切劫　讚佛甚深功德海
以諸最勝妙華鬘　妓樂塗香及傘蓋
如是最勝莊嚴具　我以供養諸如來
最勝衣服最勝香　末香燒香與燈燭

一一皆如妙高聚　我悉供養諸如來
我以廣大勝解心　深信一切三世佛
悉以普賢行願力　普遍供養諸如來
我昔所造諸惡業　皆由無始貪瞋癡
從身語意之所生　一切我今皆懺悔
十方一切諸衆生　二乘有學及無學

一切如來與菩薩　所有功德皆隨喜
十方所有世間燈　最初成就菩提者
我今一切皆勸請　轉於無上妙法輪
諸佛若欲示涅槃　我悉至誠而勸請
唯願久住剎塵劫　利樂一切諸眾生
所有禮讚供養福　請佛住世轉法輪

隨喜懺悔諸善根　廻向眾生及佛道
我隨一切如來學　修習普賢圓滿行
供養過去諸如來　及與現在十方佛
未來一切天人師　一切意樂皆圓滿
我願普隨三世學　速得成就大菩提
所有十方一切刹　廣大清淨妙莊嚴

眾會圍遶諸如來　悉在菩提樹王下
十方所有諸眾生　願離憂患常安樂
獲得甚深正法利　滅除煩惱盡無餘
我為菩提修行時　一切趣中成宿命
常得出家修淨戒　無垢無破無穿漏
天龍夜叉鳩槃茶　乃至人與非人等

所有一切眾生語　悉以諸音而說法

勤修清淨波羅蜜　恒不忘失菩提心

滅除障垢無有餘　一切妙行皆成就

於諸惑業及魔境　世間道中得解脫

猶如蓮華不著水　亦如日月不住空

悉除一切惡道苦　等與一切群生樂

如是經於剎塵劫　十方利益恒無盡

我常隨順諸眾生　盡於未來一切劫

恒修普賢廣大行　圓滿無上大菩提

所有與我同行者　於一切處同集會

身口意業皆同等　一切行願同修學

所有益我善知識　為我顯示普賢行

常願與我同集會　於我常生歡喜心
願常面見諸如來　及諸佛子眾圍遶
於彼皆興廣大供　盡未來劫無疲厭
願持諸佛微妙法　光顯一切菩提行
究竟清淨普賢道　盡未來劫常修習
我於一切諸有中　所修福智恒無盡

定慧方便及解脫　獲諸無盡功德藏

一塵中有塵數剎　一一剎有難思佛

一一佛處眾會中　我見恒演菩提行

普盡十方諸剎海　一一毛端三世海

佛海及與國土海　我徧修行經劫海

一切如來語清淨　一言具眾音聲海

隨諸眾生意樂音　一一流佛辯才海
三世一切諸如來　於彼無盡語言海
恒轉理趣妙法輪　我深智力普能入
我能深入於未來　盡一切劫爲一念
三世所有一切劫　爲一念際我皆入
我於一念見三世　所有一切人師子

亦常入佛境界中　如幻解脫及威力
於一毛端極微中　出現三世莊嚴剎
十方塵剎諸毛端　我皆深入而嚴淨
所有未來照世燈　成道轉法悟群有
究竟佛事示涅槃　我皆往詣而親近
速疾周徧神通力　普門徧入大乘力

智行普修功德力　威神普覆大慈力
徧淨莊嚴勝福力　無著無依智慧力
定慧方便諸威力　普能積集菩提力
清淨一切善業力　摧滅一切煩惱力
降伏一切諸魔力　圓滿普賢諸行力
普能嚴淨諸刹海　解脫一切衆生海

善能分別諸法海　能甚深入智慧海

普能清淨諸行海　圓滿一切諸願海

親近供養諸佛海　修行無倦經劫海

三世一切諸如來　最勝菩提諸行願

我皆供養圓滿修　以普賢行悟菩提

一切如來有長子　彼名號曰普賢尊

我今廻向諸善根　願諸智行悉同彼

願身口意恒清淨　諸行刹土亦復然

如是智慧號普賢　願我與彼皆同等

我為徧淨普賢行　文殊師利諸大願

滿彼事業盡無餘　未來際劫恒無倦

我所修行無有量　獲得無量諸功德

安住無量諸行中　了達一切神通力

文殊師利勇猛智　普賢慧行亦復然

我今廻向諸善根　隨彼一切常修學

三世諸佛所稱歎　如是最勝諸大願

我今廻向諸善根　爲得普賢殊勝行

願我臨欲命終時　盡除一切諸障礙

面見彼佛阿彌陀　即得往生安樂刹

我既往生彼國已　現前成就此大願

一切圓滿盡無餘　利樂一切眾生界

彼佛眾會咸清淨　我時於勝蓮華生

親覩如來無量光　現前授我菩提記

蒙彼如來授記已　化身無數百俱胝

智力廣大徧十方　普利一切眾生界

乃至虛空世界盡　眾生及業煩惱盡

如是一切無盡時　我願究竟恒無盡

十方所有無邊刹　莊嚴眾寶供如來

最勝安樂施天人　經一切刹微塵劫

若人於此勝願王　一經於耳能生信

求勝菩提心渴仰　獲勝功德過於彼

即常遠離惡知識　永離一切諸惡道

速見如來無量光　具此普賢最勝願

此人善得勝壽命　此人善來人中生

此人不久當成就　如彼普賢菩薩行

往昔由無智慧力　所造極惡五無間

誦此普賢大願王　一念速疾皆消滅

族姓種類及容色　相好智慧咸圓滿

諸魔外道不能摧　堪爲三界所應供

速詣菩提大樹王　坐已降伏諸魔衆

成等正覺轉法輪　普利一切諸含識

若人於此普賢願　讀誦受持及演說

果報唯佛能證知　決定獲勝菩提道

若人誦此普賢願　我說少分之善根

一念一切悉皆圓　成就眾生清淨願

我此普賢殊勝行　無邊勝福皆廻向

普願沈溺諸眾生　速往無量光佛剎

爾時　普賢菩薩摩訶薩　於如來前

說此普賢廣大願王 清淨偈已 善

財童子 踊躍無量 一切菩薩 皆大

歡喜 如來讚言 善哉善哉

爾時 世尊 與諸聖者菩薩摩訶薩 演

說如是不可思議解脫境界勝法門時

文殊師利菩薩 而為上首 諸大菩薩

及所成熟　六千比丘　彌勒菩薩　而爲
上首　賢劫一切諸大菩薩　無垢普賢
菩薩　而爲上首　一生補處　住灌頂位
諸大菩薩　及餘十方種種世界　普來
集會　一切刹海極微塵數　諸菩薩摩
訶薩眾　大智舍利弗　摩訶目犍連等

而爲上首　諸大聲聞　并諸人天　一切
世主天龍　夜叉　乾闥婆　阿修羅　迦
樓羅　緊那羅　摩睺羅伽　人非人等
一切大衆　聞佛所説　皆大歡喜　信受
奉行。●

1 序分

爾時 普賢菩薩摩訶薩 稱歎如來勝功德已 告諸菩薩 及善財言 善男子 如來功德 假使十方一切諸佛 經不可說不可說 佛刹極微塵數劫 相續演說 不可窮盡 若欲成

就此功德門　應修十種廣大行願
何等為十　一者　禮敬諸佛　二者
稱讚如來　三者　廣修供養　四者　懺
悔業障　五者　隨喜功德　六者　請轉
法輪　七者　請佛住世　八者　常隨佛
學　九者　恒順眾生　十者　普皆迴向

2 禮敬分

善財白言　大聖　云何禮敬　乃至廻向　普賢菩薩　告善財言　善男子　言

禮敬諸佛者　所有　盡法界虛空界　十方三世　一切佛刹極微塵數　諸佛世尊　我以普賢行願力故　起深

信解　如對目前　悉以清淨身語意

業　常修禮敬　一一佛所　皆現不可

說不可說　佛刹極微塵數身　一一

身　遍禮　不可說不可說　佛刹極微

塵數佛　虛空界盡　我禮乃盡　以虛

空界　不可盡故　我此禮敬　無有窮

盡　如是乃至衆生界盡　衆生業盡

衆生煩惱盡　我禮乃盡　而衆生界

乃至煩惱　無有盡故　我此禮敬　無

有窮盡　念念相續　無有間斷　身語

意業　無有疲厭

復次　善男子　言　稱讚如來者　所
有　盡法界虛空界　十方三世一切
剎土所有極微　一一塵中　皆有一
切世界極微塵數佛　一一佛所　皆
有菩薩海會圍遶　我當悉以甚深勝

解現前知見　各以出過辯才天女
微妙舌根　一一舌根　出　無盡音聲
海　一一音聲　出　一切言辭海　稱揚
讚歎　一切如來諸功德海　窮未來
際　相續不斷　盡於法界　無不周遍
如是虛空界盡　眾生界盡　眾生業

盡 眾生煩惱盡 我讚乃盡 而虛空界 乃至煩惱 無有盡故 我此讚歎 無有窮盡 念念相續 無有間斷 身語意業 無有疲厭

4 供養分

復次　善男子　言　廣修供養者　所有

盡法界　虛空界　十方三世一切佛

刹極微微塵中　一一各有一切世界

極微塵數佛　一一佛所　種種菩薩

海會　圍遶　我以普賢行願力故　起

深信解 現前知見 悉以上妙諸供
養其而爲供養 所謂 華雲 鬘雲 天
天音樂雲 天傘蓋雲 天衣服雲 天
種種香 塗香 燒香 末香 如是等雲
一一量如須彌山王 然 種種燈 酥
燈油燈 諸香油燈 一一燈炷 如須

彌山 一一燈油如大海水 以如是

等 諸供養具 常爲供養

善男子 諸供養中 法供養 最所謂

如説修行供養 利益衆生供養 攝

受衆生供養 代衆生苦供養 勤修

善根供養 不捨菩薩業供養 不

離菩提心供養　善男子　如前供養
無量功德　比法供養一念功德　百
分不及一　千分不及一　百千俱胝
那由他分　迦羅分　算分　數分　諭分
優婆尼沙陀分　亦不及一　何以故
以諸如來尊重法故　以如說修行　出

生諸佛故　若諸菩薩　行法供養　則
得成就供養　如來　如是修行　是　眞
供養故　此　廣大最勝供養　虛空界
盡　衆生界盡　衆生業盡　衆生煩惱
盡　我供　乃盡　而虛空界　乃至　煩
惱不可盡故　我此供養　亦無有盡

念念相續　無有間斷　身語意業　無

有疲厭

5　懺悔分

復次　善男子　言　懺除業障者　菩

薩　自念　我於過去無始劫中　由貪

瞋癡　發身口意　作諸惡業　無量無
邊　若此惡業　有體相者　盡虛空界
不能容受　我今　悉以清淨三業　遍
於法界極微塵刹　一切諸佛菩薩眾
前　誠心懺悔　後不復造　恒住淨戒
一切功德　如是　虛空界盡　眾生界

盡眾生業盡　眾生煩惱盡　我懺乃
盡而虛空界　乃至眾生煩惱　不可
盡故　我此懺悔　無有窮盡　念念相
續　無有間斷　身語意業　無有疲厭

6 隨喜分

復次　善男子　言　隨喜功德者　所
有　盡法界虛空界　十方三世一切
佛刹　極微塵數　諸佛如來　從初發
心　爲一切智　勤修福聚　不惜身命
經　不可說不可說　佛刹極微塵數

劫一劫中捨不可說不可說佛

刹極微塵數頭目手足如是一切

難行苦行圓滿種種波羅蜜門證

入種種菩薩智地成就諸佛無上

菩提及般涅槃分布舍利所有善

根我皆隨喜及彼十方一切世界

六趣四生 一切種類 所有功德 乃
至一塵 我皆隨喜 十方三世一切
聲聞 及辟支佛 有學 無學 所有功
德 我皆隨喜 一切菩薩 所修無量
難行苦行 志求 無上正等菩提 廣
大功德 我皆隨喜 如是 虛空界盡

眾生界盡 眾生業盡 眾生煩惱盡

我此隨喜 無有窮盡 念念相續 無

有間斷 身語意業 無有疲厭

7 請法分

復次 善男子 言 請轉法輪者 所有

盡法界虛空界十方三世一切佛剎
極微塵中一一各有不可說不可
說佛剎 極微塵數 廣大佛剎一一
剎中 念念有 不可說不可說佛剎
極微塵數一切諸佛 成等正覺一
切菩薩海會 圍遶 而我悉以身口

意業　種種方便　慇懃勸請　轉妙法
輪　如是　虛空界盡　眾生界盡　眾生
業盡　眾生煩惱盡　我常勸請一切
諸佛　轉正法輪　無有窮盡　念念相
續　無有間斷　身語意業　無有疲厭

復次善男子言請佛住世者所有

盡法界虛空界十方三世一切佛

刹極微塵數諸佛如來將欲示現

般涅槃者及諸菩薩聲聞緣覺有

學無學乃至一切諸善知識我悉

勸請 莫入涅槃 經於一切佛刹極微盡數劫 為欲利樂一切眾生 如是虛空界盡 眾生界盡 眾生業盡 眾生煩惱盡 我此勸請 無有窮盡 念念相續 無有間斷 身語意業 無有疲厭

復次　善男子　言　常隨佛學者　如此娑婆世界　毘盧遮那如來　從初發心　精進不退　以不可說不可說身命　而為布施　剝皮為紙　析骨為筆　刺血為墨　書寫經典　積如須彌

爲重法故 不惜身命 何況王位城
邑聚落 宮殿園林 一切所有 及餘
種種難行苦行 乃至樹下成大菩
提 示種種神通 起種種變化 現種
種佛身 處種種眾會 或處一切諸
大菩薩眾會道場 或處聲聞及辟支

佛眾會道場　或處轉輪聖王小王
眷屬　眾會道場　或處剎利及婆羅
門　長者居士眾會道場　乃至　或處
天龍八部人非人等眾會道場　處於
如是種種眾會　以圓滿音　如　大雷
震　隨其樂欲　成熟眾生　乃至示現

入於涅槃 如是一切 我皆隨學 如
今世尊毘盧遮那 如是 盡法界虛
空界 十方三世 一切佛刹 所有塵
中 一切如來 皆亦如是 於念念中
我皆隨學 如是 虛空界盡 眾生界
盡 眾生業盡 眾生煩惱盡 我此隨

學 無有窮盡 念念相續 無有間斷

身語意業 無有疲厭

10 隨順分

復次 善男子 言 恒順眾生者 謂盡

法界虛空界 十方刹海 所有眾生

種種差別　所謂卵生胎生　濕生化

生　或有依於　地水火風　而生住者

或有依空　及諸卉木　而生住者　種

種生類　種種色身　種種形狀　種種

相貌　種種壽量　種種族類　種種名

號　種種心性　種種知見　種種欲樂

種種意行　種種威儀　種種衣服　種
種飲食　處於種種村營聚落城邑宮
殿　乃至　一切天龍八部人非人等
無足二足　四足多足　有色無色　有
想無想　非有想　非無想　如是等類
我皆於彼　隨順而轉　種種承事　種種

種供養 如敬父母 如奉師長及阿羅
漢 乃至如來 等無有異 於諸病苦
爲作良醫 於失道者 示其正路 於
暗夜中 爲作光明 於貧窮者 令得
伏藏 菩薩 如是 平等饒益一切眾
生 何以故 菩薩 若能隨順眾生 則

爲隨順供養諸佛　若於眾生　尊重
承事　則爲尊重承事如來　若令眾
生生歡喜者　則令一切如來　歡喜
何以故　諸佛如來　以大悲心　而爲
體故　因於眾生　而起大悲　因於大
悲　生菩提心　因菩提心　成等正覺

譬如曠野沙磧之中 有大樹王 若
根得水 枝葉華果 悉皆繁茂 生死
曠野 菩提樹王 亦復如是 一切眾
生而為樹根 諸佛菩薩而為華果
以大悲水 饒益眾生 則能成就諸
佛菩薩智慧華果 何以故 若諸菩

薩　以大悲水　饒益眾生　則能成就
阿耨多羅三藐三菩提故　是故　菩
提　屬於眾生　若無眾生　一切菩薩
終不能成無上正覺　善男子　汝於此
義　應如是解　以於眾生　心平等故
則能成就圓滿大悲　以大悲心　隨

眾生故　則能成就供養如來　菩薩

如是隨順眾生　虛空界盡　眾生界

盡　眾生業盡　眾生煩惱盡　我此隨

順　無有窮盡　念念相續　無有間斷

身語意業　無有疲厭

復次 善男子 言 普皆廻向者 從初禮拜 乃至隨順 所有功德 皆悉廻向 盡法界虛空界 一切眾生 願令眾生 常得安樂 無諸病苦 欲行惡法 皆悉不成 所修善業 皆速成就

關閉一切諸惡趣門　開示人天涅槃
正路　若諸眾生　因其積集諸惡業
故　所感一切極重苦果　我皆代受
令彼眾生　悉得解脫　究竟成就無
上菩提　菩薩　如是所修廻向　虛空
界盡　眾生界盡　眾生業盡　眾生煩

惱盡 我此廻向 無有窮盡 念念相續 無有間斷 身語意業 無有彼厭

12 總結分

善男子 是爲菩薩摩訶薩 十種大願 具足圓滿 若諸菩薩 於此大願 隨順

趣入 則能成熟一切眾生 則能隨順

阿耨多羅三藐三菩提 則能成滿普賢

菩薩 諸行願海 是故 善男子 汝於此

義應如是知 若有善男子善女人 以

滿十方無量無邊 不可說不可說 佛

刹極微塵數 一切世界 上妙七寶 及

諸人天最勝安樂 布施爾所一切世界
所有眾生 供養爾所一切世界諸佛菩
薩 經爾所佛刹極微塵數劫 相續不
斷 所得功德 若復有人聞此願王一
經於耳 所有功德 比前功德 百分不
及一千分不及一乃至 優婆尼沙陀

分亦不及一　或復有人　以深信心　於此大願　受持讀誦　乃至　書寫　一四句偈　速能除滅五無間業　所有世間身心等病　種種苦惱　乃至　佛剎極微塵數一切惡業　皆得銷除　一切魔軍　夜叉羅剎　若鳩槃茶　若毘舍闍　若部多

等飲血噉肉　諸惡鬼神　皆悉遠離　或
時發心　親近守護　是故　若人誦此願
者行於世間　無有障礙　如空中月出
於雲翳　諸佛菩薩之所稱讚　一切人
天　皆應禮敬　一切眾生　悉應供養　此
善男子　善得人身　圓滿普賢所有功

德 不久 當如普賢菩薩 速得成就微
妙色身具三十二大丈夫相 若生人天
所在之處 常居勝族 悉能破壞一切惡
趣 悉能遠離一切惡友 悉能制伏一切
外道 悉能解脫一切煩惱 如師子王
摧伏群獸 堪受一切眾生供養

又復是人 臨命終時 最後刹那 一切
諸根 悉皆散壞 一切親屬 悉皆捨離
一切威勢 悉皆退失 輔相大臣 宮城
內外 象馬車乘 珍寶伏藏 如是一切
無復相隨 唯此願王 不相捨離 於一
切時 引導其前 一刹那中 即得往生

極樂世界 到已 即見阿彌陀佛 文殊師利菩薩 普賢菩薩 觀自在菩薩 彌勒菩薩等 此諸菩薩 色相端嚴 功德具足 所共圍遶 其人自見生蓮華中 蒙佛授記 得授記已 經於無數百千萬億那由他劫 普於十方不可說不可

說世界 以智慧力 隨眾生心 而為利益不久 當坐菩提道場 降伏魔軍 成等正覺 轉妙法輪 能令佛剎極微塵數世界眾生 發菩提心 隨其根性 教化成熟 乃至 盡於未來劫海 廣能利益一切眾生 善男子 彼諸眾生 若聞

若信此大願王　受持讀誦　廣爲人説
所有功德　除佛世尊　餘無知者　是故
汝等　聞此願王　莫生疑念　應當諦受
受已能讀　讀已能誦　誦已能持　乃至
書寫　廣爲人説　是諸人等　於一念中
所有行願　皆得成就　所獲福聚　無量

無邊　能於煩惱大苦海中　拔濟衆生令其出離　皆得往生阿彌陀佛極樂世界

13　重頌分

爾時　普賢菩薩摩訶薩　欲重宣此

義　普觀十方而說偈言

所有十方世界中　三世一切人師子

我以清淨身語意　一切遍禮盡無餘

普賢行願威神力　普現一切如來前

一身復現剎塵身　一一遍禮剎塵佛

於一塵中塵數佛　各處菩薩眾會中

無盡法界塵亦然　深信諸佛皆充滿

各以一切音聲海　普出無盡妙言辭

盡於未來一切劫　讚佛甚深功德海

以諸最勝妙華鬘　妓樂塗香及傘蓋

如是最勝莊嚴具　我以供養諸如來

最勝衣服最勝香　末香燒香與燈燭

一一皆如妙高聚　我悉供養諸如來

我以廣大勝解心　深信一切三世佛

悉以普賢行願力　普遍供養諸如來

我昔所造諸惡業　皆由無始貪瞋癡

從身語意之所生　一切我今皆懺悔

十方一切諸眾生　二乘有學及無學

一切如來與菩薩　所有功德皆隨喜
十方所有世間燈　最初成就菩提者
我今一切皆勸請　轉於無上妙法輪
諸佛若欲示涅槃　我悉至誠而勸請
唯願久住剎塵劫　利樂一切諸眾生
所有禮讚供養福　請佛住世轉法輪

隨喜懺悔諸善根　廻向眾生及佛道
我隨一切如來學　修習普賢圓滿行
供養過去諸如來　及與現在十方佛
未來一切天人師　一切意樂皆圓滿
我願普隨三世學　速得成就大菩提
所有十方一切刹　廣大清淨妙莊嚴

眾會圍遶諸如來　悉在菩提樹王下

十方所有諸眾生　願離憂患常安樂

獲得甚深正法利　滅除煩惱盡無餘

我為菩提修行時　一切趣中成宿命

常得出家修淨戒　無垢無破無穿漏

天龍夜叉鳩槃茶　乃至人與非人等

所有一切眾生語　悉以諸音而說法

勤修清淨波羅蜜　恒不忘失菩提心

滅除障垢無有餘　一切妙行皆成就

於諸惑業及魔境　世間道中得解脫

猶如蓮華不著水　亦如日月不住空

悉除一切惡道苦　等與一切群生樂

如是經於刹塵劫　十方利益恒無盡
我常隨順諸眾生　盡於未來一切劫
恒修普賢廣大行　圓滿無上大菩提
所有與我同行者　於一切處同集會
身口意業皆同等　一切行願同修學
所有益我善知識　為我顯示普賢行

常願與我同集會　於我常生歡喜心
願常面見諸如來　及諸佛子眾圍遶
於彼皆興廣大供　盡未來劫無疲厭
願持諸佛微妙法　光顯一切菩提行
究竟清淨普賢道　盡未來劫常修習
我於一切諸有中　所修福智恒無盡

定慧方便及解脫　獲諸無盡功德藏
一塵中有塵數剎　一一剎有難思佛
一一佛處眾會中　我見恒演菩提行
普盡十方諸剎海　一一毛端三世海
佛海及與國土海　我徧修行經劫海
一切如來語清淨　一言具眾音聲海

隨諸眾生意樂音　一一流佛辯才海
三世一切諸如來　於彼無盡語言海
恒轉理趣妙法輪　我深智力普能入
我能深入於未來　盡一切劫爲一念
三世所有一切劫　爲一念際我皆入
我於一念見三世　所有一切人師子

亦常入佛境界中　如幻解脫及威力

於一毛端極微中　出現三世莊嚴刹

十方塵刹諸毛端　我皆深入而嚴淨

所有未來照世燈　成道轉法悟群有

究竟佛事示涅槃　我皆往詣而親近

速疾周遍神通力　普門遍入大乘力

智行普修功德力　威神普覆大慈力

徧淨莊嚴勝福力　無著無依智慧力

定慧方便諸威力　普能積集菩提力

清淨一切善業力　摧滅一切煩惱力

降伏一切諸魔力　圓滿普賢諸行力

普能嚴淨諸刹海　解脫一切眾生海

善能分別諸法海　能甚深入智慧海

普能清淨諸行海　圓滿一切諸願海

親近供養諸佛海　修行無倦經劫海

三世一切諸如來　最勝菩提諸行願

我皆供養圓滿修　以普賢行悟菩提

一切如來有長子　彼名號曰普賢尊

我今廻向諸善根　願諸智行悉同彼

願身口意恒清淨　諸行刹土亦復然

如是智慧號普賢　願我興彼皆同等

我爲徧淨普賢行　文殊師利諸大願

滿彼事業盡無餘　未來際劫恒無倦

我所修行無有量　獲得無量諸功德

安住無量諸行中　了達一切神通力
文殊師利勇猛智　普賢慧行亦復然
我今廻向諸善根　隨彼一切常修學
三世諸佛所稱歎　如是最勝諸大願
我今廻向諸善根　爲得普賢殊勝行
願我臨欲命終時　盡除一切諸障礙

面見彼佛阿彌陀　即得往生安樂剎
我旣往生彼國已　現前成就此大願
一切圓滿盡無餘　利樂一切眾生界
彼佛眾會咸清淨　我時於勝蓮華生
親覩如來無量光　現前授我菩提記
蒙彼如來授記已　化身無數百俱胝

智力廣大徧十方　普利一切眾生界

乃至虛空世界盡　眾生及業煩惱盡

如是一切無盡時　我願究竟恒無盡

十方所有無邊刹　莊嚴眾寶供如來

最勝安樂施天人　經一切刹微塵劫

若人於此勝願王　一經於耳能生信

求勝菩提心渴仰　獲勝功德過於彼

卽常遠離惡知識　永離一切諸惡道

速見如來無量光　具此普賢最勝願

此人善得勝壽命　此人善來人中生

此人不久當成就　如彼普賢菩薩行

往昔由無智慧力　所造極惡五無間

誦此普賢大願王　一念速疾皆消滅
族姓種類及容色　相好智慧咸圓滿
諸魔外道不能摧　堪爲三界所應供
速詣菩提大樹王　坐已降伏諸魔衆
成等正覺轉法輪　普利一切諸含識
若人於此普賢願　讀誦受持及演說

果報唯佛能證知　決定獲勝菩提道

若人誦此普賢願　我說少分之善根

一念一切悉皆圓　成就眾生清淨願

我此普賢殊勝行　無邊勝福皆廻向

普願沈溺諸眾生　速往無量光佛剎

爾時　普賢菩薩摩訶薩　於如來前

說此普賢廣大願王 清淨偈已 善
財童子 踊躍無量 一切菩薩 皆大
歡喜 如來讚言 善哉善哉
爾時 世尊 與諸聖者菩薩摩訶薩 演
說如是不可思議解脫境界勝法門時
文殊師利菩薩 而爲上首 諸大菩薩

及所成熟 六千比丘 彌勒菩薩 而爲
上首 賢劫 一切諸大菩薩 無垢普賢
菩薩 而爲上首 一生補處 住灌頂位
諸大菩薩 及餘十方種種世界 普來
集會 一切刹海極微塵數 諸菩薩摩
訶薩眾 大智舍利弗 摩訶目犍連等

화엄경 보현행원품

불광출판사

보현행원품 서序

자기는 아주 잊어버리고 오직 일체중생을 위하여서만 산다 ….

영원에서 영원이 다하도록 법성法性이 무진無盡하므로 법계法界가 무한하며 법계가 무한하므로 시분時分이 무량하다. 시분이 무량하므로 중생이 무변하며 중생이 무변하므로 자비慈悲가 무궁하다.

이렇듯, 중중무진重重無盡한 법계연기法界緣起의 대원리는 화엄정경華嚴正經에 원만구족하였으니 이는 우주의 근본법칙이며 불타의 구경교칙究竟敎勅이다. 따라서 심현오묘深玄奧妙한 이 진리를 요약한 보현보살의 행원품은 불교의 골수요 대도大道의 표준이다.

광대무변한 법성의 지혜와 자비로써 무진법계의 무량중생을 위하여 무한시겁無限時劫이 다하도록 무애자재한 대활동을 하되 추호의 피로도 염의厭意도 찾아볼 수 없는 거룩한 성행聖行 – 이것이 보현보살의 서원이며 미진제불微塵諸佛의 본회本懷이다.

이 법을 알아 이 법을 행할 때 시방진계十方塵界가 극락정토 아님이 없으며 육취중생六趣衆生이 묘각여래妙覺如來 아님이 없다.

이리하여 사바娑婆의 모든 모순과 투쟁은 영원히 사라지고 평화와 자유로써 장엄한 대낙원의 무한한 광명이 항상 우주를 비춰 널리 싸고 있을 것이다.

현현묘묘玄玄妙妙한 이 진리를 이름하여 불가사의不可思議 해탈경계解脫境界라고 한다.

삼라만상 일초일목이 다 불가사의며 일체중생의 일거일동이 다 해탈경계니 참으로 불가사의 중 불가사의다. 이것은 이론에 있지 않고 실천에 있는 것이다.

이 불가사의 해탈도는 보현보살의 십대원十大願이 그 지침이니 이 십대원을 근수역행勤修力行함으로써 누구나 다 일체중생과 더불어 화장찰해華藏刹海의 대해탈인임을 알 것이다.

이 무진보장無盡寶藏의 성전聖典이 난해한 한문 속에 갇혀 있는 것을 광덕光德 스님의 원력으로 국역이 완성되어 이에 모든 사람 앞에 널리 개방되었다.

감로甘露의 문은 이제 남김없이 활짝 열렸으니 이 금언성구金言聖句를 부지런히 독송하며 힘써 실천하여 저 보현대사普賢大士와 같이 미래겁이 다하도록 오직 일체중생을 위하여서만 사는 사람이 되어야 할 것이다.

암흑 속에서 헤매는 이들이여!

어둡다고만 한탄하지 말고 두 눈을 바로 뜨자! 우리 모두가 본래부터 만고불멸萬古不滅의 대광명 속에서 살고 있나니….

나무보현보살마하살

_ 가야산에서 퇴옹 성철 합장

이 글은 1968년 광덕 스님의 『보현행원품』에 실린 서문이다.

1 서분

그때에 보현보살마하살이 부처님의 수승하신 공덕을 찬탄하고 나서 모든 보살과 선재 동자에게 말씀하셨다. 선남자여, 여래의 공덕은 시방에 계시는 일체 모든 부처님께서 불가설불가설 불찰 극미진수겁을 지내면서 계속해 말씀하시더라도 다 말씀하지 못하느니라. 만약 이러한 공덕문을 성취하고자 하거든 마땅히 열 가지 넓고 큰 행원을 닦아야 하나니 열 가지라 함은 무엇인가. 첫째는 모든 부처님께 예배하고 공경하는 것이요, 둘째는 부처님을 찬탄하는 것이요, 셋째는 널리 공양하는 것이요, 넷째는 업장을 참회하는 것이요, 다섯째는 남이 짓는 공덕을 기뻐하는 것이요, 여섯째는 설법해 주시기를 청하는 것이요, 일곱째는 부처님께 이 세상에 오래 계시기를 청하는 것이요, 여덟째는 항상 부처님을 따라 배우는 것이요, 아홉째는 항상 중생을 수순하는 것이요, 열째는 지은 바 모든 공덕을 널리 회향하는 것이니라.

2 예경분

선재 동자가 사루어 말씀드렸다. "대성이시여, 어떻게 예배하고 공경하오며, 내지 어떻게 회향하오리까.?" 보현보살이 선재 동자에게 말씀하셨다. "선남자여, 모든

부처님께 예배하고 공경한다는 것은 진법계 허공계 시방삼세 일체불찰 극미진수 모든 부처님을 내가 보현행원의 원력으로 눈앞에 대하듯 깊은 믿음을 내어서 청정한 몸과 말과 뜻을 다해 항상 예배하고 공경하되 낱낱몸으로 불가설불가설 불찰 극미진수 부처님께 두루 예배하고 공경하는 것이니 허공계가 다하면 나의 예배하고 공경하는 것도 다하려니와 허공계가 다할 수 없으므로 나의 예배하고 공경함도 다함이 없느니라. 이와 같이 하여 중생계가 다하고 중생의 업이 다하고 중생의 번뇌가 다하면 나의 예배하고 공경함도 다하려니와 중생계 내지 중생의 번뇌가 다함이 없으므로 나의 예배하고 공경함도 다함이 없어 생각생각 상속하여 끊임이 없되 몸과 말과 뜻으로 짓는 일에 지치거나 싫어하는 생각이 없느니라."

3 찬양분

선남자여, 또한 부처님을 찬탄한다는 것은 진법계 허공계 시방삼세 일체세계에 있는 극미진의 그 낱낱 미진 속마다 일체세계 극미진수 부처님이 계시고, 낱낱 부처님 계신 곳마다 다 한량없는 보살들이 둘러 계심에 내 마땅히 깊고 깊은 수승한 알음알이의 분명한 지견으로

각각 변재천녀의 혀보다 나은 미묘한 혀를 내며, 낱낱
혀마다 한량없는 음성을 내며, 낱낱 음성마다 한량없는
온갖 말을 내어서 일체 부처님의 한량없는 공덕을 찬탄
해, 미래제가 다하도록 계속하고 끊이지 아니하여 끝없
는 법계에 두루하는 것이니라.
이와 같이 하여 허공계가 다하고, 중생계가 다하고, 중
생의 업이 다하고, 중생의 번뇌가 다하면 나의 찬탄도
다하려니와 허공계 내지 중생의 번뇌가 다함이 없으므
로 나의 이 찬탄도 다함이 없어 생각생각 상속하여 끊
임이 없되 몸과 말과 뜻으로 짓는 일에 지치거나 싫어
하는 생각이 없느니라.

4 공양분

선남자여, 또한 널리 공양한다는 것은 진법계 허공계 시
방삼세 일체불찰 극미진마다 각각 일체세계 극미진수의
부처님이 계시고, 낱낱 부처님 계신 곳마다 한량없는 보
살들이 둘러 계심에 내가 보현행원의 원력으로 깊고 깊
은 믿음과 분명한 지견을 일으켜 여러 가지 으뜸가는 묘
한 공양구로 공양하되, 이른바 화운이며 만운이며 천음
악운이며 천산개운이며 천의복운이며, 가지가지 하늘의
향인 도향이며 소향이며 말향이며, 이와 같은 많은 공양

구가 각각 수미산만해, 또한 여러 가지 등을 켜되 소등이며 유등이며 여러 가지 향유 등이며, 이와 같은 등의 낱낱 심지는 수미산 같고 기름은 큰 바닷물 같으니 이러한 여러 가지 공양구로 항상 공양하는 것이니라.

선남자여, 모든 공양 가운데는 법공양이 가장 으뜸이나니 이른바 부처님 말씀대로 수행하는 공양이며, 중생들을 이롭게 하는 공양이며, 중생을 섭수하는 공양이며, 중생의 고를 대신 받는 공양이며, 선근을 부지런히 닦는 공양이며, 보살업을 버리지 않는 공양이며, 보리심을 여의지 않는 공양이니라.

선남자여, 앞에 말한 많은 공양으로 얻은 공덕을 일념 동안 닦는 법공양 공덕에 비한다면 백분의 일도 되지 못하며, 천분의 일도 되지 못하며, 백천구지 나유타분과 가라분과 산분과 수분과 비유분과 우파니사타분의 일도 또한 되지 못하느니라. 무슨 까닭인가. 모든 부처님께서는 법을 존중히 하시는 까닭이며, 말씀대로 행하면 많은 부처님이 출생하시는 까닭이며, 또한 보살들이 법공양을 행하면 곧 여래께 공양하기를 성취하나니 이러한 수행이 참된 공양이 되는 까닭이니라. 이 넓고 크고 가장 수승한 공양은 허공계가 다하고 중생계가 다하고 중생의 업이 다하고 중생의 번뇌가 다하면 나의 공

양도 다하려니와, 허공계와 내지 중생의 번뇌가 다함이
없으므로 나의 이 공양도 다함이 없어 생각생각 상속하
여 끊임이 없되 몸과 말과 뜻으로 짓는 일에 지치거나
싫어하는 생각이 없느니라.

5 참회분

선남자여, 또한 업장을 참회한다는 것은 보살이 스스로
생각하기를 "내가 과거 한량없는 겁을 내려오면서 탐내
는 마음과 성내는 마음과 어리석은 마음으로 말미암아
몸과 말과 뜻으로 지은 악한 업이 한량없고 가없어 만
약 이 악업이 형체가 있는 것이라면 끝없는 허공으로도
용납할 수 없으리니 내 이제 청정한 삼업으로 널리 법
계 극미진수세계 일체 불보살전에 두루 지성으로 참회
하되 다시는 악한 업을 짓지 아니하고 항상 청정한 계
행의 일체 공덕에 머물러 있으오리다." 하는 것이니라.
이와 같이 하여 허공계가 다하고 중생계가 다하고 중생
의 업이 다하고 중생의 번뇌가 다하면 나의 참회도 다
하려니와 허공계와 내지 중생의 번뇌가 다함이 없으므
로 나의 참회도 다함이 없어 생각생각 상속하여 끊임이
없되 몸과 말과 뜻으로 짓는 일에 지치거나 싫어하는
생각이 없느니라.

6 수희분

선남자여, 또한 남이 짓는 공덕을 함께 기뻐한다는 것은 진법계 허공계 시방삼세 일체불찰 극미진수 모든 부처님께서 처음 발심하실 때로부터 일체지를 위해 부지런히 복덕을 닦되, 몸과 목숨을 돌보지 않기를 불가설불가설 불찰 극미진수겁을 지내고, 낱낱 겁마다 불가설불가설 불찰 극미진수의 두목과 수족을 버리고 이와 같은 일체 난행 고행으로 가지가지 바라밀문을 원만히 하며, 가지가지 보살지지를 증득해 들어가며, 모든 부처님의 위없는 보리를 성취하며 내지 열반에 드신 뒤에 사리를 분포하실 때까지의 모든 선근을 내가 다 함께 기뻐하며, 저 시방 일체 세계의 육취, 사생, 일체 종류 중생들의 짓는 공덕을 내지 한 티끌만한 것이라도 모두 함께 기뻐하며, 시방삼세의 일체 성문과 벽지불인 유학·무학들이 지은 모든 공덕을 내가 함께 기뻐하며, 일체 보살들이 한량없는 난행 고행을 닦아서 무상정등보리를 구하는 넓고 큰 공덕을 내가 모두 기뻐하는 것이니라. 이와 같이 하여 허공계가 다하고 중생계가 다하고 중생의 업이 다하고 중생의 번뇌가 다해도 나의 함께 기뻐함은 다함이 없어 생각생각 상속하여 끊임이 없되 몸과 말과 뜻으로 짓는 일에 지치거나 싫어하는 생각이 없느니라.

7 청법분

선남자여, 또한 설법해 주시기를 청한다는 것은 진법계 허공계 시방삼세 일체불찰 극미진마다 각각 불가설불 가설 불찰 극미진수의 광대한 부처님 세계가 있으니 이 낱낱 세계에 염념 중에 불가설불가설 불찰 극미진수의 부처님이 계셔서 등정각을 이루시고 일체 보살들로 둘리워 계시거든 네가 그 모든 부처님께 몸과 말과 뜻으로 가지가지 방편을 지어 설법해 주시기를 은근히 권청하는 것이니라.

이와 같이 하여 허공계가 다하고 중생계가 다하고 중생의 업이 다하고 중생의 번뇌가 다해도 나의 항상 일체 부처님께 바른 법 설해 주시기를 권청하는 것은 다함이 없어 생각생각 상속하여 끊임이 없되 몸과 말과 뜻으로 짓는 일에 지치거나 싫어하는 생각이 없느니라.

8 청주분

선남자여, 또한 부처님께 이 세상에 오래 계시기를 청한다는 것은 진법계 허공계 시방삼세 일체불찰 극미진수의 모든 부처님께서 장차 열반에 드시려 하실 때와 또한 모든 보살과 성문·연각인 유학·무학과 내지 일체 모든 선지식에게 두루 권청하되 "열반에 드시지 말

고 일체불찰 극미진수겁토록 일체 중생을 이롭게 하여
주소서.” 하는 것이니라. 이와 같이 하여 허공계가 다하
고 중생계가 다하고 중생의 업이 다하고 중생의 번뇌가
다해도 나의 이 권청은 다함이 없어 생각생각 상속하여
끊임이 없되 몸과 말과 뜻으로 짓는 일에 지치거나 싫
어하는 생각이 없느니라.

9 수학분

선남자여, 또한 항상 부처님을 따라 배운다고 하는 것
은, 이 사바세계의 비로자나 여래께서 처음 발심하실
때부터 정진해 물러나지 아니하고 불가설불가설의 몸
과 목숨을 보시하시되, 가죽을 벗겨 종이로 삼고 뼈를
쪼개어 붓을 삼고 피를 뽑아 먹물을 삼아서 쓴 경전을
수미산같이 쌓더라도 법을 존중히 여기는 고로 신명을
아끼지 아니하거든, 어찌 하물며 왕위나 성읍이나 촌락
이나 궁전이나 정원이나 산림이나 일체 소유와 가지가
지 난행고행일 것이며, 내지 보리수하에서 대보리를 이
루시던 일이나 가지가지 신통을 보이시사 가지가지 변
화를 일으키시던 일이나 가지가지 부처님 몸을 나투사
가지가지 중회에 처하시되, 혹은 모든 대보살 중회도량
에 처하시고 혹은 성문과 벽지불 등 중회도량에 처하시

고 혹은 전륜성왕 소왕 권속 등 중회도량에 처하시고 혹은 찰제리나 바라문이나 장자나 거사의 중회도량에 처하시며, 내지 천룡팔부와 인비인 등 중회도량에 처하시면서 이러한 가지가지 중회에서 원만하신 음성을 마치 큰 우레소리와도 같게 하여 그들의 좋아함을 따라서 중생을 성숙시키시던 일이나 내지 열반에 드심을 나투시는 이와 같은 일체를 내가 다 따라서 배우기를 지금의 세존이신 비로자나불께와 같이 하는 것이니라.

이와 같이 하여 진법계 허공계 시방삼세 일체불찰의 모든 미진 중에 계시는 일체 부처님께서도 또한 다 이와 같이 하여 염념 중에 내가 다 따라 배우느니라.

이와 같이 하여 허공계가 다하고 중생계가 다하고 중생의 업이 다하고 중생의 번뇌가 다해도 나의 이 따라 배움은 다함이 없어 몸과 말과 뜻으로 짓는 일에 지치거나 싫어하는 생각이 없느니라.

10 수순분

선남자여, 또한 항상 중생을 수순한다는 것은 진법계 허공계 시방세계에 있는 중생들이 가지가지 차별이 있으나 이른바 알로 낳는 것·태로 낳는 것·습기로 낳는 것·화해서 낳는 것들이 혹은 지수화풍을 의지해 살기

도 하며, 혹은 허공이나 초목에 의지해 살기도 하는 저 가지가지 생류와 저 가지가지 몸과 가지가지 형상과 가지가지 모양과 가지가지 수명과 가지가지 종족과 가지가지 이름과 가지가지 심성과 가지가지 지견과 가지가지 욕망과 가지가지 행동과 가지가지 거동과 가지가지 의복과 가지가지 음식으로 가지가지 마을이나 성읍이나 궁전에 처하며, 내지 모든 천룡팔부와 인비인 등과 발 없는 것·두 발 가진 것·네 발 가진 것·여러 발 가진 것들이며, 형상 있는 것·형상 없는 것·생각 있는 것·생각 없는 것·생각 있는 것도 아니요 생각 없는 것도 아닌 이러한 여러 가지 중생들을 내가 다 수순해 가지가지로 받아 섬기며, 가지가지로 공양하기를 부모와 같이 공경하며 스승이나 아라한이나 내지 부처님과 조금도 다름없이 받들되, 병든 이에게는 어진 의원이 되고 길 잃은 이에게는 바른 길을 가리키고 어두운 밤중에는 광명이 되고 가난한 이에게는 보배를 얻게 하나니 보살이 이와 같이 평등히 일체 중생을 이익하게 하는 것이니라.

어떠한 까닭인가? 만약 보살이 능히 중생을 수순하면 곧 모든 부처님을 수순하며 공양함이 되며, 만약 중생을 존중히 받들어 섬기면 곧 여래를 존중히 받들어 섬

김이 되며, 만약 중생으로 하여금 환희심이 나게 하면 곧 일체로 하여금 환희하시게 함이니라. 어떠한 까닭인가? 모든 부처님께서는 대비심으로 체를 삼으시는 까닭에 중생으로 인해 대비심을 일으키고 대비로 인해 보리심을 발하고 보리심으로 인해 등각을 이루시나니, 비유하건대 넓은 벌판 모래밭 가운데 큰 나무가 있어 만약 그 뿌리가 물을 만나면 지엽이나 꽃이나 과실이 모두 무성하는 것과 같아서 생사광야의 보리수왕도 역시 그러하니, 일체 중생으로 나무뿌리를 삼고 여러 불보살로 꽃과 과실을 삼거든 대비의 물로 중생을 이익하게 하면 즉시에 여러 불보살의 지혜의 꽃과 과실이 성숙되느니라. 어떠한 까닭인가? 만약 보살들이 대비의 물로 중생을 이익하게 하면 곧 아뇩다라삼먁삼보리를 성취하는 까닭이니라. 그러므로 보리는 중생에 속하는 것이니 만약 중생이 없으면 일체 보살이 마침내 무상정각을 이루지 못하느니라.

선남자여, 너희들은 이 뜻을 마땅히 이렇게 알지니, 중생에게 마음이 평등한 고로 능히 원만한 대비를 성취하며 대비심으로 중생을 수순하는 고로 곧 부처님께 공양함을 성취하느니라.

보살이 이와 같이 중생을 수순하나니 허공계가 다하고

중생계가 다하고 중생의 업이 다하고 중생의 번뇌가 다
해도 나의 이 수순은 다함이 없어 생각생각 상속하여
끊임이 없되 몸과 말과 뜻으로 짓는 일에 지치거나 싫
어하는 생각이 없느니라.

11 회향분

선남자여, 또한 지은 공덕을 널리 회향한다는 것은, 처
음에 부처님께 예배하고 공경하는 것으로부터 중생을
수순하는 것까지의 모든 공덕을 진법계 허공계 일체 중
생에게 남김없이 회향해, 중생으로 하여금 항상 안락하
고 일체 병고는 영영 없기를 원하며, 악한 일을 하고자
하면 하나도 됨이 없고 착한 업을 닦고자 하면 다 속히
성취해 일체 악취의 문은 닫아 버리고, 인간에나 천상에
나 열반에 이르는 바른 길을 열어 보이며, 모든 중생이
그 지어 쌓은 모든 악업으로 인해 얻게 되는 일체의 극
중한 괴로운 과보는 내가 다 대신 받아서 저 중생으로
하여금 모두 해탈케 해 마침내 무상보리를 성취하게 하
는 것이니라.

보살이 이와 같이 그 닦은 공덕을 회향하나니 허공계가
다하고 중생계가 다하고 중생의 업이 다하고 중생의 번
뇌가 다해도 나의 이 회향은 다하지 아니하여 생각생각

상속하고 끊임이 없되 몸과 말과 뜻으로 짓는 일에 지치거나 싫어하는 생각이 없느니라.

12 총결분

선남자야, 이것이 보살마하살의 열 가지 대원을 구족하고 원만하게 함이니 만약 모든 보살이 이 대원에 수순하여 나아가면 능히 일체 중생을 성숙함이며, 아뇩다라삼먁삼보리에 수순함이며, 보현보살의 한량없는 모든 행원을 원만히 성취함이니 이 까닭에 선남자야, 너희들은 이 뜻을 마땅히 이와 같이 알지니라.

만약 어떤 선남자 선여인이 시방 무량무변 불가설불가설 불찰 극미진수 일체 세계에 가득 찬 으뜸가는 묘한 칠보와 또한 모든 인간과 천상에서 가장 수승한 안락으로 저 모든 세계에 있는 중생들에게 보시하며 저 모든 세계에 계시는 불보살께 공양하기를, 저 불찰 극미진수 겁을 지내도록 항상 계속하고 끊이지 아니하여 얻을 공덕과, 다시 어떤 사람이 이 원왕을 잠깐 동안 듣고 얻을 공덕을 비교하면 앞에 말한 공덕은 백분의 일도 되지 못하며 천분의 일도 되지 못하며 내지 우바니사타분의 일에도 또한 미치지 못하느니라.

다시 어떤 사람이 깊은 신심으로 이 대원을 받아 가지

고 읽고 외우거나 내지 한 사구게만이라도 서사하면 속히 오무간업이 소멸하며 세간에 있는 심신의 모든 병과 모든 고뇌와 내지 불찰 극미진수의 일체 악업이 모두 소멸하며 또한 일체 마군과 야차와 나찰과 구반다와 혹 비사사나 부다 등 피를 빨고 살을 먹는 모든 악한 귀신들이 다 멀리 달아나거나 혹 발심해 가까이 와서 친근하며 수호하리니, 이 까닭에 이 원왕을 외우는 사람은 이 세간을 지냄에 조금도 장애가 없어 마치 공중의 달이 구름 밖으로 나온 듯하니라.

그러므로 모든 불보살이 칭찬하시며 일체 인간이나 천상사람이 마땅히 예경하며 일체 중생이 마땅히 공양하리니 이 선남자는 훌륭한 사람 몸을 받아서 보현보살의 모든 공덕을 원만히 하고 마땅히 오래지 않아 보현보살과 같은 미묘한 몸을 성취해 32대장부상이 구족할 것이며, 만약 인간이나 천상에 태어나면 난 데마다 수승한 종족 가운데 나며 능히 일체 악취는 다 없어지며 일체 악한 벗은 다 멀리하고 일체 외도는 다 조복받고 일체 번뇌에서 해탈하는 것이 마치 사자왕이 뭇짐승들을 굴복시키는 것과 같아서 능히 일체 중생의 공양을 받아내게 되리라.

또 이 사람이 임종할 마지막 찰나에 육근六根은 모두 흩

어지고 일체의 친족들은 모두 떠나고 위엄과 세력은 다 사라지고 정승 대신과 궁성 내외와 코끼리나 말이나 모든 수레와 보배나 재물 등 이러한 모든 것들은 하나도 따라오는 것이 없건만, 오직 이 원왕만은 서로 떠나지 아니하여 어느 때나 항상 앞길을 인도해 일찰나 동안에 극락세계에 왕생하고, 왕생하고는 즉시에 아미타불과 문수사리보살과 보현보살과 관자재보살과 미륵보살 등을 뵈옵고, 이 모든 보살들이 몸매가 단정하고 엄숙하며 구족한 공덕으로 장엄하고 계시거든 그때에 그 사람 스스로가 연꽃 속에 태어났음을 보게 되고, 부처님의 수기를 받고 나서는 무수 백천만억 나유타 겁을 지내도록 시방의 불가설불가설 세계에 널리 다니며 지혜의 힘으로써 중생들의 마음을 따라 이익이 되게 하며, 머지않아 마땅히 보리도량에 앉아서 마군들을 항복받고 등정각을 성취하며 미묘한 법륜을 굴려서 능히 불찰 극미진수 세계의 중생으로 하여금 보리심을 발하게 하고, 그 근기와 성질을 따라서 교화해 성숙시키며 내지 한량없는 미래 겁이 다하도록 널리 일체 중생을 이롭게 하리라.

선남자야, 저 모든 중생들이 이 대원왕을 듣거나 믿거나 하고 다시 받아 가지고 읽고 외우며 널리 남을 위해 설한다면 이 사람의 지은 공덕은 부처님을 제하고는 아

무도 알 사람이 없나니 그러므로 너희들은 이 원왕을 듣고 의심을 내지 말지니라.

마땅히 지성으로 받으며 받고는 능히 읽고 읽고는 능히 외우며 외우고는 능히 지니고 내지 베껴 써서 널리 남을 위해 설한다면 이 모든 사람들은 일념 간에 모든 행원을 다 성취하며, 그 얻은 복의 무더기는 한량이 없고 가이 없어 능히 대번뇌 고해 중에 빠진 중생들을 제도해 마침내 생사에서 벗어나 아미타불 극락세계에 왕생하게 하리라.

13 중송분

그때에 보현보살마하살이 이 뜻을 거듭 말씀하시고자 널리 시방을 관하시고 게송을 설하시었다.

가없는 시방세계 그 가운데, 과거현재 미래의 부처님들께, 맑고맑은 몸과말과 뜻을기울여, 빠짐없이 두루두루 예경하옵되, 보현보살 행원의 위신력으로, 널리일체 여래전에 몸을나투고, 한몸다시 찰진수효 몸을나투어, 찰진수불 빠짐없이 예경합니다. 일미진중 미진수효 부처님계셔, 곳곳마다 많은보살 모이시었고, 무진법계 미진에도 또한그같이, 부처님이 충만하심 깊이믿으며, 몸몸마다 한량없는 음성으로써, 다함없는 묘한말씀 모두내

어서, 오는세상 일체겁이 다할때까지, 부처님의 깊은공덕 찬탄합니다. 아름답기 으뜸가는 여러꽃타래, 좋은풍류 좋은향수 좋은일산들, 이와같은 가장좋은 장엄구로써, 시방삼세 부처님께 공양하오며, 으뜸가는 좋은의복 좋은향들과, 가루향과 꽂는향과 등과촛불의, 낱낱것을 수미산의 높이로모아, 일체여래 빠짐없이 공양하오며, 넓고크고 수승하온 이내슬기로, 시방삼세 부처님을 깊이믿삽고, 보현보살 행원력을 모두기울어, 일체제불 빠짐없이 공양합니다. 지난세상 지은바 모든악업은, 무시이래 탐심진심 어리석음이, 몸과말과 뜻으로 지었음이라, 내가이제 남김없이 참회합니다. 시방삼세 여러종류 모든중생과, 성문연각 유학무학 여러이승과, 일체의 부처님과 모든보살의, 지니옵신 온갖공덕 기뻐합니다. 시방세계 계옵시는 세간등불과, 가장처음 보리도를 이루신님께, 위없는 묘한법문 설하시기를, 내가이제 지성다해 권청합니다. 부처님이 반열반에 들려하시면, 찰진겁을 이세상에 계시오면서, 일체중생 이락하게 살펴주시길, 있는지성 기울어서 권청합니다. 예경하고 찬양하고 공양한복덕, 오래계셔 법문하심 청하온공덕, 기뻐하고 참회하온 온갖선근을, 중생들과 보리도에 회향합니다, 내가여러 부처님을 따라배우고, 보현보살 원만행을 닦

고익혀서, 지난세상 시방세계 부처님들과, 지금계신 부처님께 공양하오며, 여러가지 즐거움이 원만하도록, 오는세상 부처님께 공양하옵고, 삼세의 부처님을 따라배워서, 무상보리 속히얻기 원하옵니다. 시방세계 일체의 모든세계의, 넓고크고 청정한 묘장엄속에, 모든여래 대중에게 위요되시며, 큰보리수 아래에 계시옵거든, 시방세계 온갖종류 모든중생이, 근심걱정 다여의어 항상즐겁고, 심히깊은 바른법문 공덕받아서, 모든번뇌 남김없이 없애지이다. 내가보리 얻으려고 수행할때에, 나는국토 어디서나 숙명통얻고, 날때마다 출가하여 계행을닦아, 깨끗하고 온전하여 새지않으리. 천과용과 야차들과 구반다들과, 사람들과 사람아닌 이들에까지, 그네들이 쓰고있는 여러말로써, 가지가지 소리로 설법하오며, 청정하온 바라밀을 힘써닦아서, 어느때나 보리심을 잊지않으며, 모든업장 모든허물 멸해버리고, 일체의 묘한행을 성취하오며, 연꽃잎에 물방울이 붙지않듯이, 해와달이 허공에 머물잖듯이, 어두운맘 미욱한업 마경계라도, 세간살이 그속에서 해탈얻으리. 일체악도 온갖고통 모두없애고, 중생에게 즐거움을 고루주기를, 찰진겁이 다하도록 쉬지않으며, 시방중생 위하는일 한이없으리. 어느때나 중생들을 수순하면서, 오는세상 일체겁이 다할

때까지, 보현보살 광대행을 항상닦아서, 위없는 대보리
를 원만하리라. 나와같이 보현행을 닦는이들은, 어느때
나 같은곳에 함께모이어, 몸과말과 뜻의업이 모두같아
서, 일체행원 다같이 닦아지오며, 바른길로 나를돕는 선
지식께서, 우리에게 보현행을 이르시거든, 어느때나 나
와같이 함께모여서, 어느때나 환희심을 내어지이다. 원
합노니 모든여래 모든불자에, 둘리워서 계시옴을 항상
뵈옵고, 광대하온 공양을 항상올리되, 미래겁이 다하여
도 피염없으며, 제불세존 미묘법문 모두지니고, 일체의
보리행을 빛내오면서, 구경으로 청정하온 보현의도를,
미래겁이 다하도록 닦아지이다. 시방법계 넓은세상 중
생속에서, 내가짓는 복과지혜 한정이없고, 정과혜와 모
든방편 해탈삼매로, 한량없는 모든공덕 모두이루리. 일
미진중 미진수효 세계가있고, 세계마다 한량없는 부처
님계셔, 곳곳마다 많은대중 모인가운데, 보리행을 연설
하심 항상뵈오며, 한량없는 시방법계 모든세계와, 털끝
마다 과현미래 삼세의바다, 한량없는 부처님과 많은국
토에, 두루두루 무량겁을 수행하오리. 일체여래 말씀하
심 청정함이여, 한말씀속 여러가지 음성갖추고, 모든중
생 뜻에맞는 좋은음성이, 음성마다 부처님의 변재이시
라. 시방세계 과현미래 여래께서는, 어느때나 다함없는

그말씀으로, 깊은이치 묘한법문 설하시거든, 나의깊은 지혜로써 요달하리라. 나는오는 세상까지 깊이들어가, 일체겁을 다하여 일념만들고, 과거현재 미래의 일체겁 중에, 한생각 즈음으로 다들어가며, 일념으로 과현미래 삼세가운데, 계시옵는 인사자님 모두뵈옵고, 부처님 경계중의 환과도같은, 자재해탈 모든위력 수용하오며, 한 터럭 끝에있는 극미진중에, 과현미래 장엄세계 나타내이고, 시방법계 미진세계 모든털끝도, 모두깊이 들어가서 엄정하오리. 오는세상 시방법계 조세등께서, 성도하고 설법하고 교화하시며, 하옵실일 마치시고 열반들려면, 내가두루 나아가서 섬기오리다. 일념에서 두루하는 신통의힘과, 일체문에 다통하는 대승의힘과, 지와행을 널리닦는 공덕의힘과, 위신으로 널리덮는 자비의힘과, 청정장엄 두루하는 복덕의힘과, 집착없고 의지없는 지혜의힘과, 정과혜의 모든방편 위엄의힘과, 넓고널리 쌓아모은 보리의힘과, 일체것이 청정하온 선업력으로, 일체의 번뇌의힘 멸해버리고, 일체의 마군의힘 항복받아서, 일체의 모든행력 원만히하여, 한량없는 모든세계 엄정히하며, 한량없는 모든중생 해탈케하며, 한량없는 모든법을 잘분별하여, 한량없는 지혜바다 요달하오며, 한량없는 모든행을 청정히하며, 한량없는 모든원을 원만

히하며, 일체여래 친근하고 공양하면서, 무량겁을 부지런히 수행하옵고, 과거현재 미래세 일체여래의, 위없는 보리도인 모든행원을, 남김없이 공양하고 원만히닦아, 보현보살 큰행으로 보리이루리. 일체여래 부처님의 맏아드님은, 그이름 거룩하신 보현보살님, 내가지금 온갖선근 회향하오니, 지와행이 나도저와 같아지이다. 몸과 말과 뜻의업이 항상깨끗고, 모든행과 국토도 다시그러한, 이러하온 지혜가 보현이시니, 바라건대 나도저와 같아지이다. 일체에 청정하온 보현의행과, 문수사리 법왕자의 모든대원의, 온갖사업 남김없이 원만히닦아, 미래제가 다하도록 끊임없으며, 한량없는 많은수행 모두닦아서, 한량없는 많은공덕 모두이루고, 한량없는 모든행에 머물러있어, 한량없는 신통묘용 요달하오며, 문수사리 법왕자의 용맹지혜도, 보현보살 지혜행도 다그러시니, 모든선근 내가이제 회향하여서, 저를따라 일체를 항상배우리. 삼세여래 부처님이 칭찬하시는, 이와같은 위없는 모든대원에, 내가이제 온갖선근 회향하옴은, 수승하온 보현행을 얻고잡니다. 원합노니 이목숨이 다하려할때, 모든업장 모든장애 다없어져서, 찰나중에 아미타불 친견하옵고, 그자리서 극락세계 얻어지이다.
나의몸이 저세계에 가서나고는, 그자리서 이대원을 모

두이루고, 온갖것을 남김없이 원만히이뤄, 일체중생 이
롭도록 하여지오며, 저부처님 회상은 청정하시니, 내가
그때 연꽃속에 태어나아서, 무량광 부처님을 친견하옵
고, 그자리서 보리기 받아지오며, 부처님의 수기를 받
자옵고는, 수없는 백구지의 화신을 내고, 지혜의힘 광
대하여 시방에퍼져, 일체중생 이롭도록 하여지이다, 허
공계가 다하고 중생다하고, 업과번뇌 다하면 모르거니
와, 이와같은 일체것이 다함없을새, 나의원도 마침내
다함없으리, 가없는 시방국토 장엄하온바, 온갖보배 부
처님께 공양하옵고, 일체세계 인천대중 미진겁토록, 가
장좋은 안락으로 보시한대도, 어떤사람 수승하온 보현
원왕을, 한번듣고 마음에서 믿음을내고, 무상보리 구할
생각 간절만하면, 이사람의 얻는공덕 저를지내니, 간데
마다 나쁜벗을 멀리여의며, 영원토록 모든악도 만나지
않고, 무량광 부처님을 속히뵈어서, 위없는 보현원을
모두갖추리, 이사람은 길이길이 수명얻으며, 난데마다
항상좋은 사람몸받고, 머지않아 마땅히 보현보살의, 크
고넓은 보살행 성취하리라, 지난날에 어리석고 지혜없
어서, 무간지옥 빠질중죄 지었더라도, 보현행원 대원왕
을 읽고외우면, 일념간에 저중죄가 소멸하리니, 날적마
다 좋은가문 좋은얼굴과, 좋은상호 밝은지혜 원만하여

서, 모든마와 외도들이 범접못하니, 삼계중생 온갖공양
능히받으며, 오래잖아 보리수 밑에나아가, 파순이도 마
군중도 항복받고서, 무상정각 성취하고 법을설하여, 모
든중생 빠짐없이 이익주리라, 누구든지 보현원을 읽고
외우고, 받아갖고 대중위해 연설한다면, 그과보는 부처
님만 능히아시니, 어김없이 무상보리 얻게되리라, 어떤
사람 보현원을 능히외우는, 그선근의 소분만을 말씀한
다면, 일념간에 일체공덕 원만하여서, 중생들의 청정원
을 성취하리라, 내가지은 수승하온 보현의행의, 가없는
수승한복 회향하오니, 바라건대 고해중의 모든중생이,
하루속히 극락세계 얻어지이다.

그때에 보현보살마하살이 부처님 앞에서 이 넓고 큰 보
현원왕의 청정게송을 설하시니 선재동자는 한량없이
뛸 듯 기뻐하였고 일체 보살들은 모두 크게 환희하였으
며 여래께서는 옳다옳다 하시며 칭찬하시었다.
그때에 세존께서 거룩하옵신 여러 보살마하살과 더불
어 이와 같은 불가사의 해탈 경계의 수승한 법문을 연
설하실 적에, 문수사리보살을 상수로 하는 대보살들과
그 보살들이 성숙하신 바 육천의 비구들과 미륵보살을
상수로 하는 현겁의 일체 대보살들이시며, 무구보현보

살을 상수로 하는 일생보처이시며, 관정위에 이르신 대보살들과 널리 시방 여러 세계에서 모이신 일체찰해 극미진수의 모든 보살마하살과 대지사리불 마하 목건련 등을 상수로 하는 대성문들과 인간과 천상과 세간의 모든 임금과 하늘과 용과 야차와 건달바와 아수라와 가루라와 긴나라와 마후라가와 인비인 등 일체 대중들이 부처님의 말씀을 듣고 다들 크게 환희하고 믿고 받아 받들어 행하였다.

_광덕 스님

願以此功德
普及於一切
我等與衆生
皆共成佛道

원컨대 이 사성의 공덕이
일체 세간에 두루 미치어
나를 비롯한 모든 중생이
다 함께 성불하여지이다

이 글은 펜 사경을 중심으로 기술했습니다. 사경 수행에 대해 자세한 사항을 알고 싶은 분은 김경호 원장이 쓴 『한국의 사경』을 참고하시기 바랍니다.

사경 수행의 방법과 공덕

사경의 정의와 범주

사경의 '사寫'는 '베끼다, 옮겨 놓다, 본뜨다, 그리다' 등의 뜻을 지니고 있으며, '경經'은 '법, 이치, 부처님의 말씀'이라는 뜻이다. 따라서 불교에서 '사경'은 부처님께서 설하신 불교 경전의 내용을 옮겨 쓰는 것을 의미한다. 경전은 경율론經律論 삼장三藏으로 이루어져 있으며, 사경은 이 삼장을 대상으로 하여 옮겨 쓰는 것을 뜻한다.

사경은 경전을 옮겨 쓰는 행위를 의미함과 동시에 서사書寫한 경책經冊을 의미하기도 한다. 신라사경, 고려사경, 금자사경金字寫經, 묵서사경墨書寫經 등과 같이 명명될 때는 사성寫成된 경책을 의미하는 것이다. 여기서 한 가지 주의 깊게 생각해야 할 부분이 있다. 그것은 '사경의 범주를 과연 어디까지로 한정시킬 것인가?' 하는 문제이다. 부처님께서 직접 말씀하신 내용과 행적의 기록인 경經, 출가자들의 행위에 관한 규정 및 승단의 운영과 규율에 관한 내용인 율律, 역대 논사들이 이들 경과 율을 해석한 논論, 이 삼장이 사경의 대상이다. 여기에 역대 고승들의 글이나 어록도 넓은 의미에서 사경 대상의 범주에 포함할 수 있다.

사경 중에 삼장을 패엽이나 종이, 비단 등에 직접 베껴 쓴 육필사경이 있다. 이는 패엽경貝葉經(패다라수 잎이나 껍질에 범어로 된 경문을 새긴 후 전묵하거나 직접 필사한 것), 백지묵서白紙墨書『화엄경』, 감지금니紺紙金泥『법화경』, 백지자혈白紙刺血『아미타경』, 감주금니紺紬金泥『법화경』 등과 같이 패엽이나 종이, 비단 등에 직접 서사한 사경을 말한다. 그뿐만 아니라, 이들 종이나 비단에 경면주사鏡面朱沙, 먹, 금니, 은니 등으로 범자 다라니를 쓴 사경도 여기에 해당한다. 이 육필사경을 바탕으로 판각 등 다양한 형태의 사성이 이루어진 것도 넓은 의미에서는 사경이다. 예를 들어 경주 불국사 석가탑에서 발견된 세계에서 가장 오래된 목판 인쇄물로 널리 알려진 국보 제126호『무구정광대다라니경』이 그러하다. 이것은 서사한 사경을 토대로 판각이 이루어진 것이다. 즉 판하본板下本의 사경을 바탕으로 하여 판각이 이루어졌기 때문에 넓은 의미에서는 사경의 범주 안에 포함시킬 수 있는 것이다.

이렇게 볼 때 우리나라의 찬란한 문화유산인 해인사 고려대장경도 필사한 사경을 바탕으로 판각이 이루어져 완성되었기 때문에 넓은 의미에서 사

경에 포함된다고 할 수 있다. 이렇듯 사경은 여러 가지의 형태로 나타난다. 고려대장경과 같은 목판경, 익산 왕궁리 5층 석탑에서 발견한 세계에 유례가 없는 순금판에 한자로 『금강경』을 새긴 국보 제123호 금판경, 구례 화엄사 각황전에 봉안되었던 『화엄경』을 돌에 새긴 보물 제1040호 석경石經, 기와에 경문을 새긴 와경瓦經, 구리로 만든 판에 경전을 새긴 동경銅經 등 여러 가지 재료를 사용한 다양한 사경으로 나타난다. 또한 역대 조사나 고승 대덕들의 어록, 저술, 게송 등을 필사하는 것도 넓은 의미에서 사경의 범주에 포함할 수 있다.

수행으로 경전을 사경하는 의미

사경은 부처님 말씀을 베끼는 것이고, 사경하는 목적은 이 진리를 베껴 쓰면서 부처님을 닮아 궁극적으로 성불에 이르는 것이다. 사경 수행이 깨달음에 이르는 길이 되려면 무엇보다 부처님 말씀에 근거해야 한다. 이와 관련하여 경전에서는 다음과 같이 설한다.

> 이른 새벽 깨끗이 양치질하고 세수한 후 갖가지의 향과 아름다운 꽃, 음악으로 부처님께 공양하며 이 경전을 스스로 사경하거나 다른 사람에게도 사경하기를 권하고 한 마음으로 그 뜻을 지닐지라. 『약사유리광여래본원공덕경』

경전에는 부처님 말씀이 담겨 있다. 사경하면서 부처님 말씀을 떠올리고, 그 말씀을 이해하고 내면화 한다면 마침내 부처님과 같아지는 것이다. 즉 사경은 부처님 말씀을 간看하는 것으로 간경看經인 것이다. 경經을 간看하여 내 것으로 삼는 것이다. 이렇게 간경은 부처님 말씀을 몸과 마음으로 깊이 새기고, 우리의 삶을 부처님의 삶으로 전환하는 것이며, 마침내 마음의 본성을 밝히고 깨달음을 성취해 나가는 것이다. 사경하는 과정에서 우리들은 경전의 말씀을 지혜로 전환하여 걸림 없이 활용하게 된다. 그래서 경전을 읽고 씀으로써 그 뜻이 마음속에 드러나, 그 마음을 밝히면 바로 깨달음을 얻게 된다. 사경하는 경전 내용으로 마음을 비추어 보고, 그 결과로 경전과 마음이 상통하면 경계도 함께 밝아진다. 이렇게 부처님 말씀이 드러나고, 이를

실천할 때만이 그 경전의 가르침이 진실로 살아나게 된다. 이러한 측면에서 사경은 부처님 말씀을 베껴 씀으로써 지혜를 터득하고 마음을 비춰 보는 불교 수행법인 것이다. 사경하는 또 다른 효과는 사경을 하면서 얻어지는 삼매의 체험이다. 이러한 삼매의 체험 속에서 부처님 말씀이 발현되면 그것이 바로 부처의 행동이며, 깨달은 이의 행동이다. 이밖에도 많은 경전에서는 사경의 공덕과 복덕을 언급하고 있다.

> 그러므로 그대들은 이 원을 듣고 의심을 내지 마라. 마땅히 지성으로 받아 지녀서 읽고 외우며 사경하여 널리 다른 사람들에게 전하여라. 이런 사람들은 한 생각 동안에 모든 행원을 다 성취할 것이며, 그 얻는 복덕은 한량이 없고 끝이 없어, 능히 번뇌와 고통에 빠진 중생들을 제도하여 마침내 생사에서 벗어나 아미타불의 극락세계에 왕생하게 될 것이다.
>
> 『대방광불화엄경 입부사의해탈경계보현행원품』

기초 수행과 마음 자세

첫째는 조식調食이다. 조식이란 음식을 조절하는 것을 말한다. 사경 수행에 앞서 음식을 조절하는 일은 몸과 마음을 조절하는 일과 밀접하게 관계한다. 왜냐하면 음식의 내용과 양에 따라 여러 가지 몸과 마음의 조건이 달라지기 때문이다. 사경 수행에 들어가기 전에 되도록 자극적인 음식은 삼가는 것이 좋다. 또한 가능하면 육류를 피하는 것이 좋다. 위와 장에 부담되는 음식을 먹었을 때는 몸과 마음의 많은 부분이 이 음식물을 소화하는 데로 옮겨져 깊은 수행에 임할 수 없기 때문이다. 이러면 심신을 오롯이 부처님 말씀에 집중하기 어려워 사경 수행에도 전념할 수 없다. 과식은 수마睡魔까지도 불러일으키기 때문에 절대 금물이다. 사경 수행할 때에는 가능한 자극적인 음식과 육식을 피하고 심신을 가장 편안히 해 줄 수 있는 채식 위주의 소식을 하는 것이 좋다.

둘째는 조수調睡다. 조수란 수면의 조절을 말한다. 잠을 너무 지나치게 많이 자면 수행에 오히려 방해된다. 지나치게 많은 수면은 시간의 낭비일 뿐이다.

수면의 양이 너무 부족한 것도 좋지 않다. 수면이 너무 부족하면 심신의 기력이 쇠하고, 건강한 상태의 수행을 방해한다. 따라서 충분한 잠을 자고, 양이 아닌 질의 수면으로 깊은 잠을 자는 것이 중요하다. 이를 위해서는 수면할 때 호흡이 고르면서도 고요하고 깊게 이루어질 수 있어야 한다. 또한 코로 복식 호흡이 이루어지도록 하는 것이 좋다. 그 때문에 잠잘 때의 자세가 매우 중요하다. 기본적으로 몸을 가장 편안히 이완시킬 수 있는 자세가 가장 좋고, 방 안을 적절한 온도와 습도로 유지하며, 이부자리는 항상 청결하고, 베개는 높지 않은 것이 좋다. 깊은 잠을 자기 위해서는 깨어 있는 시간 동안 순간순간에 최선을 다하는 평소 생활 습관이 가장 중요하다. 그럴 때 깊이 있는 수면이 이루어진다. 이런 깊은 수면이라면 4~5시간 정도도 양적으로 크게 부족함이 없다.

셋째는 조신調身이다. 조신은 최상의 몸 상태를 의미한다. 최상의 몸 상태를 위해서는 평소의 생활 습관이 매우 중요하다. 우선 몸을 항상 청결히 해야 한다. 머리끝에서부터 발끝까지 청결해 잡다한 장애물이 발생하지 않도록 해야 한다. 즉 사경 수행의 첫걸음은 몸의 청결로부터 이루어지는 것이다. 다음으로는 지병의 소멸이다. 작은 아픔도 지니지 않은 사람은 없는 법이지만, 사경 수행할 때 마음을 흐트러뜨리게 할 정도의 지병이 있는 경우에는 병을 다스리는 것이 중요하다. 작은 병이야 수행으로 얼마든지 치유할 수 있지만, 큰 병을 지닌 채 수행 삼매를 하는 것은 거의 불가능하기 때문에 먼저 큰 병은 치료가 선행되어야 한다. 사경 수행자는 자신의 수행과 더불어 법신불法身佛을 조성한다는 사명감으로 내 몸이 부처님 몸임을 항상 생각하며 함부로 하지 않고 정성스레 보살펴야 한다. 몸은 생을 영위하는 동안 마음이 깃들어 사는 집이기 때문에 최선을 다해 성스럽게 해야 하는 것이다. 그럴 때 수행은 자연스럽게 깊어지게 된다.

넷째는 조식調息이다. 조식은 호흡법을 말한다. 안정된 호흡을 위한 방법에는 세 가지의 길이 있다. 우선 호흡을 배 아래에 놓고 안정시키는 방법이다. 호흡이 아래로 내려가 단전을 중심으로 온몸에 퍼지면 마음은 중심이 잡혀 자

연스럽게 안정된다. 다음으로는 몸을 편안히 하여 긴장을 푸는 일이다. 몸을 편안히 하지 않는다면 호흡은 불규칙해지고, 깊은 호흡과 옅은 호흡이 뒤섞이게 된다. 이러면 호흡은 거칠어지고 때론 끊어진다. 이러한 불규칙한 호흡은 마음의 안정을 방해한다. 마치 흔들리는 파도 위의 배와 같다. 따라서 몸을 편안히 하여 긴장을 풀면 잔잔한 호수와 같이 마음의 안정을 얻을 수 있다. 마지막으로 호흡이 모공을 비롯한 우리 몸의 각 부분을 모두 통과하되 장애가 없음을 명상하는 일이다. 즉 고르고 가늘면서도 깊은 호흡이 자신의 몸에 가득 채워졌다가 비워지는 것을 명상하는 것이다. 이 명상을 통해 실제로 호흡의 흐름을 느낄 수 있도록 훈련해야 한다.

다섯째는 조심調心이다. 이는 마음의 조복調伏을 받는 일이다. 마음의 조복을 받는 과정은 크게 세 가지로 나눈다. 우선 사경 수행으로 들어가기 전의 단계로 이때는 마음이 앞서가는 것을 경계해야 한다. 이는 '현재성'이라고 할 수 있다. 마음은 항상 현재에 머물러 현재를 떠나지 않고 현재를 바로 직시해야 함을 의미한다. 그러면서도 현재에만 머물러서도 안 된다. 수행 진행 과정을 따라 같은 속도로 일정하게 앞으로 나아가야 한다. 야구 선수가 공에서 눈을 끝까지 떼지 않듯이 말이다. 다음으로 사경 수행 중의 조심이다. 수행 중에 마음의 조복이 이루어지지 않는다면 당장 마구니는 그 틈을 비집고 들어와 또 다른 마구니들을 불러들인다. 그리하여 수행을 순일하게 지속할 수 없도록 만든다. 이럴 때는 다시금 마음을 다잡는 과정이 필요하다. 항상 바로 지금의 이 자리를 떠나서는 안 된다. 마지막으로 사경 수행을 마칠 때이다. 역시 마음을 조복받은 상태에서 조용히 그리고 고요히 사경 수행으로부터 나오는 것이 중요하다. 이는 마무리에 해당한다. 마무리가 깔끔하지 못한 습관이 들게 되면 다음 수행이 어려워진다. 항상 끝까지 최선을 다하는 것이 중요하다. 이는 마라톤 선수가 골인 지점을 통과한 뒤 마무리 달리기를 하는 것과 같은 이치이다. 이렇게 처음과 중간, 그리고 끝 모두 방심하지 말고 시종일관 마음을 고르고 순일하게 해야 한다. 그럴 때 사경 수행은 원만히 이루어지게 되고 다음 수행으로 자연스럽게 나아갈 수 있다.

사경 수행 때의 마음가짐

첫째, 하심下心으로 사경해야 한다. 부처님 말씀을 깊이 믿고 따르겠다는 마음이 생기면 부처님 앞에 자신을 낮출 수 있다. 즉 진실한 신심 앞에서는 아상과 아만 등이 사라지게 된다. 이것이 바로 자신을 비우는 행위이다. 이렇게 돼야만 비워진 마음에 부처님의 말씀이 깊이 새겨져 비로소 혜안이 열린다. 그리고 여기서 얻어지는 혜안은 신행으로 옮겨져 이웃을 비롯한 우주 법계에 두루 미친다. 이것이 진정한 사경 수행의 의의이다. 사경할 때의 마음과 사경을 마친 후의 마음이 다르면 이는 단순히 경전을 베껴 쓰는 것일 뿐, 진정한 의미의 수행이 아니다.

둘째, 사경하는 목적을 항상 깊이 생각해야 한다. 사경 수행에 앞서 부처님의 높고 큰 가르침을 바로 알고 따르겠다는 마음이 선행되어야 한다. 사경 수행에 임하는 목적이 분명하게 설정이 되어야만, 그 목적에 맞는, 자신에게 가장 적합한 사경 방법을 찾을 수 있다. 다시 말하면 나아갈 방향을 먼저 확고히 설정한 후 사경 수행에 임해야 한다는 뜻이다. 목적이 확고하면 구체적인 목표의 설정이 이루어지게 된다. 그럴 때 목표를 향한 가장 바르고 빠른 길을 찾을 수 있으며, 그에 따른 최상의 노력과 정진이 따르게 된다.

셋째, 신심을 가지고 수행해야 한다. 신심 없이 이루어지는 사경은 수행이 되지 못하여 삿된 마구니의 침입을 당하게 된다. 부처님 말씀을 굳게 믿고, 철두철미하게 따르겠다는 서원이 굳건해지면 수행력은 저절로 향상된다. 그리고 여러 마구니의 침입도 서원의 힘으로 물리칠 수 있다. 그럴 때 원만한 사경의 사성을 이룰 수 있으며, 동시에 사경 수행을 하는 수행자 자신에게도 깊은 통찰과 깨달음이 온다. 이러한 깨달음은 사경 수행자의 생활을 변화시키고, 이웃을 변화시킨다. 사경으로 진정한 의미의 보살도를 이루는 것이다.

넷째, 전심전력을 다 해서 수행해야 한다. 사경은 법신불을 조성하는 것과 다름없다. 부처님을 조성하는 데 있어서 전심전력을 다 하지 않는다면, 자신의 내면에 내재되어 있는 부처님을 결코 찾을 수 없다. 수좌스님들이 선방에서

화두를 들고 용맹정진하듯이 온 마음을 다해 부처님 말씀에 정성을 기울여야 비로소 자신의 법신 부처님이 조성될 수 있다. 즉 자신의 청정한 불성을 체득하는 것이고, 원만한 법신불로 탄생하는 것이며, 자신이 추구하는 부처님이 완성되는 것이다. 이렇게 탄생한 법신불 사경은 자신의 불성을 표현한 것이 된다.

다섯째, 사경의 공덕을 우주 법계에 회향해야 한다. 사경으로 얻는 공덕을 비롯한 모든 이익이 개인의 안락과 행복의 추구에만 머물기를 바라는 것은 사경 수행의 진정한 의미가 아니다. 그래서 우리의 조상들이 사경을 마친 후에 적는 사성기寫成記에는 회향의 마음을 담아 다음과 같은 회향게를 기록하여 왔다.

願以此功德	원컨대 이 사성의 공덕이
普及於一切	일체 세간에 두루 미치어
我等與衆生	나를 비롯한 모든 중생이
皆共成佛道	다 함께 성불하여지이다.

경문 사경을 다 마친 뒤에는 이러한 우주 법계에 대한 회향이 반드시 이루어져야 한다. 왜냐하면 사경의 사성이 혼자만의 힘으로 이루어지는 것은 아니기 때문이다. 사경의 사성을 혼자서 이루었다고 해도 거기에는 많은 사람의 보이지 않는 숨은 노력이 뒷받침된 법이다. 종이를 만든 사람, 펜을 만든 사람, 경상을 만든 사람 등을 비롯한 이웃, 국가 더 나아가서는 우주 법계의 순조로운 인연으로 말미암아 사성이 원만하게 이루어졌음을 결코 잊어서는 안 된다. 즉 우주 법계 유정有情 무정無情의 만유가 모두 이와 관계되어 있음을 잊어서는 안 되는 것이다. 따라서 사경 수행이 만유로 회향하는 것은 당연하다. 내가 혼자 사성하였다고 하더라도 우주의 은혜를 입어 사경의 사성이 원만히 이루어졌음을 깊이 깨달아 모두에게 감사의 마음을 전하고, 자그마한 공덕이라도 이들 모두에게 회향하는 것은 지극히 당연한 결론이다. 이렇게 회향을 할 수 있는 사람이어야 사경으로 수행을 제대로 이루었다고 할 수 있다.

사경 수행의 자세

—● 경상 앞에 앉아 사경할 때

바닥에 앉아 사경을 할 때에는 경상經床을 사경용으로 따로 마련해 두는 것이 좋다. 그리고 미리 좌복을 하나 준비해 두고 좌복 위에 앉아 사경하는 것이 신체의 균형을 유지하는 데 필요하다. 물론 경상과 좌복은 항상 청결을 유지해야 한다. 경상은 그리 크지 않아도 된다. 면이 평평한 것이면 된다. 일반 반상飯床을 경상으로 대용할 경우 네 가장자리가 돌출된 것은 좋지 않다. 가능하면 전체 면이 평평한 것으로 한다. 처음부터 경상용으로 따로 준비하여 사경 수행할 때에만 사용하는 것이 바람직하다.

경상에 사경 도구를 모두 갖추어 배치하고 나면 경상 앞에 바르게 앉아 입정에 든다. 그 후 붓이나 펜을 들고 사경에 임하는데 이때 좌복의 뒤쪽을 한 번 접어 엉덩이를 약간 높게 하는 것이 좋다. 이렇게 하면 허리가 곧게 펴진다. 양 어깨가 어느 한쪽으로 기울지 않도록 한다. 양 어깨가 수평이 되도록 하고 이를 유지하는 것이 중요하다. 그리고 어깨의 힘을 빼고 가장 편안한 자세를 취한다. 이는 좌선 수행의 자세를 생각하면 된다. 두 다리는 양쪽으로 교차하여 앉거나 반가부좌, 혹은 가부좌를 틀고 앉는다. 두 무릎을 꿇고 앉아도 된다. 무릎을 꿇고 앉을 경우 처음에는 다리가 저려 오겠지만 일정한 시간이 흘러 사경 수행이 깊어지게 되면 한 시간 정도는 큰 무리 없이 사경 수행에 임할 수가 있다. 앉는 자세에서 중요한 것은 두 다리 또한 서로 바르게 해야 한다는 점이다. 양다리가 서로 다른 모양을 해서는 안 된다. 바른 자세는 사경할 때 호흡의 조절을 용이하게 해 주고, 장시간 집중을 가능하게 해 준다. 즉 사경 수행할 때 충만한 기쁨으로 몰입할 수 있게 되는 것이다.

　사경할 때의 자세 중 다음으로 중요한 점은 허리를 곧게 펴는 것이다. 허리를 곧게 펴지 않으면 사경 수행은 제대로 이루어지지 않는다. 점획이나 글자가 흔들리고 마음은 집중이 되지 않아, 더욱 날뛰게 된다. 따라서 머리부터 허리까지 곧은 일직선을 유지해야 한다. 그리고 어깨와 팔, 팔목, 손가락 모두 지나치게 힘이 들어가는 것은 좋지 않다. 가장 자연스럽게 하면 되는 것이다. 경상은 그리 높지 않은 편이 좋다. 또한 그리 큰 경상을 선택할 필요도 없다. 사경할 때 사경지를 움직일 필요가 없을 정도면 된다. 경상이 지나

치게 낮으면 양 팔꿈치에 기대게 되어 지나치게 힘이 들어가고 몸이 앞으로 쏠리게 된다. 또 너무 높으면 점획에 힘이 실리지 않아, 글씨에 정기正氣가 들어갈 수 없다. 달리 표현한다면 붓 사경의 경우 점획이 지면에 새겨지지 않고 겉돌게 되는 것이다. 펜 사경의 경우에도 글자가 반듯하게 써지지 않게 된다. 이것은 사경 수행이 삼매 속에서 행해지는 것이 아니고, 마음 또한 산란하다는 것을 뜻한다.

─● 의자에 앉아 사경할 때

의자에 앉아서 사경을 할 때에도 기본적인 내용은 경상 앞에 앉아 사경하는 방법과 같다. 기본적으로 두 다리를 곧게 하여 어깨 넓이보다 약간 좁게 벌리고 앉는다. 두 다리는 같은 힘으로 바닥에 가볍게 올려놓고 허리는 곧추세운다. 머리부터 발끝으로 이어지는 몸의 중심은 지면과 수직이 되도록 곧게 한다. 다만 의자에 앉을 때 너무 안쪽으로 앉으면 점획과 글자에 힘이 실리지 않게 되고, 너무 바깥쪽으로 앉으면 양 팔꿈치에 힘이 들어가게 되어 역시 점획과 글자에 힘이 실리지 않는다. 따라서 의자의 뒤쪽으로도 힘이 쏠리지 않고 앞쪽으로도 힘이 쏠리지 않는 적절한 중심점을 잡아 허리를 곧게 펴고 앉도록 한다. 이때 배를 경상에 밀착시키지 않도록 한다. 그리고 배와 경상의 거리는 약 5~10cm 정도를 유지하도록 한다. 경상 역시 지나치게 높거나 지나치게 낮은 것은 좋지 않다.

사경지의 사경할 면은 오른쪽 가슴 앞에 위치하도록 한다. 사경지의 위치가 몸의 중앙에 오게 되면 불편이 따르게 되어 집중을 방해한다. 또 몸의 오른쪽 어깨 바깥쪽으로 나가게 해서도 안 된다. 사경지의 사경할 면을 오른쪽 가슴 앞에 두는 것이 사경에 몰입하기에 가장 편한 자세이다. 사경지는 몸에서 너무 멀리 떨어지지 않도록 한다. 너무 가까이 해서도 안 된다. 너무 멀리 떨어지면 정신을 집중기가 어렵고, 너무 가까우면 자세가 흐트러지면서 팔꿈치에 힘이 가해지기 때문이다. 사경지는 오른쪽으로 이동시켜 가면서 서사하되 앞뒤로 잡아당기거나 하는 일은 가급적 피하도록 한다. 상하의 기맥氣脈이 단절되기 때문이다. 이는 곧 수행의 단절을 의미한다.

호흡법과 명상법

모든 수행은 호흡법을 가장 기본으로 하고 있다. 그 까닭은 호흡 속에 생명이 있기 때문이다. 호흡을 통해 생명이 유지될 수 있고, 생명을 유지해야 수행이 이루어질 수 있기 때문이다. 그리고 삶은 몸과 마음이라는 두 요소에 의해 지탱된다. 따라서 수행은 호흡과 결코 떨어질 수 없다. 몸과 마음을 편안히 안정시키는 데 호흡은 매우 중요하다. 때문에 바른 호흡이 필수적이다. 그래서 예로부터 호흡을 수행의 기본 요소로 삼았던 것이다. 사경 수행에도 이러한 바른 호흡법은 매우 중요하다. 『천태소지관天台小止觀』에는 호흡을 크게 네 가지로 분류하고 있다. 풍風, 천喘, 기氣, 식息이 바로 그것이다.

첫째, '풍'이란 호흡할 때 소리가 나는 것을 의미한다. 호흡할 때 소리가 나는 것은 호흡이 흩어졌기 때문이다. 호흡이 흩어졌다는 것은 생명력의 흩어졌음과 함께 마음의 흩어졌음을 의미한다.

둘째, '천'이란 호흡이 막혀 잘 통하지 않음을 의미한다. 즉 호흡이 막히고 끊어짐을 의미하는 것이다. 따라서 이러한 호흡은 건강하지 않다.

셋째, '기'란 호흡이 미세하지 못함을 의미한다. 호흡이 미세하지 못한 것은 고르지 못한 것과 같다. 즉 안정된 호흡이 아닌 불안정한 호흡인 것이다.

넷째, '식'은 호흡이 고르고 막힘이 없으면서 끊임없이 미세하고 고르게 이루어짐을 의미한다. 그리하여 호흡이 있는지 없는지조차도 구분할 수 없는 호흡을 말한다. 이러한 호흡이야말로 심신을 안정시키고 기쁨과 즐거움을 가져다 준다. 그리하여 몸을 편안히 해 주면서도 건강을 증진시켜 주고 마음을 고요하게 해 주어 수행을 돕는다.

따라서 사경 수행 때에는 이러한 호흡법, 즉 조식법調息法이 중요하다. 사경할 때 바른 자세를 유지하면서 호흡을 하다 보면 호흡이 편안해짐을 느낄 수 있다. 이렇게 바른 자세를 바탕으로 편안하고 깊은 호흡 속에서 사경에 몰두하다 보면 호흡조차도 잊게 된다. 즉 아주 깊고 고요한 호흡이 자신도 모르는 사이에 이루어진다. 우리가 호흡을 할 때 들이쉬는 산소의 약 30% 정도가 우리 몸으로 들어오고, 나머지는 다시 날숨으로 나간다고 한다. 따라서 호흡이 고요히 이루어짐을 걱정할 필요는 전혀 없다. 또한 고요히 호흡하다 보면 이 들숨이 우리 몸에 오래 머물게 된다. 그리고 오래도록 날숨이 고요

히 이어져 다음 들숨의 양도 깊어지게 된다. 이러한 순환은 매우 자연스럽게 이어진다. 이러한 고요하고 깊은 호흡이 지속적으로 이루어지면 마음이 편안해지고 몸도 편안해지는 것을 직접 확인할 수 있다. 따라서 마음은 부처님 말씀에 오롯이 모아지게 된다. 이렇게 될 때 모든 번뇌 망상은 정지된다. 그리고 오롯이 부처님 말씀만 우리의 몸과 마음에 충만하게 된다. 사경이 수행이 되고 수양이 되며 공덕이 되는 까닭이 여기에 있다.

사경 수행할 때 호흡을 빨리해서는 절대로 안 된다. 인위적으로 깊게 하려고 할 필요도 없다. 가장 편안한 상태의 자연스런 호흡에 맡기면 된다. 점획을 그을 때나 글씨를 쓸 때 호흡을 정지하면 보다 곧은 글씨를 이룰 수는 있다. 초보자는 처음에 긴 획을 그을 때 잠시 숨을 멈추는 방법을 이용해 보는 것도 좋다. 이렇게 들숨 후 정지하는 방법을 훈련하게 되면 자연스럽게 호흡을 조절하는 일이 차츰 쉬워지므로 초학자들에게는 이러한 호흡도 연습해 보라고 하고 싶다. 다만 인위적으로 숨을 정지하는 것은 좋지 않다. 또한 너무 오래 들숨을 정지하다 보면 다음 날숨이 빨라지게 된다. 이렇게 들숨 후 정지하는 호흡은 다음 호흡을 불규칙하게 만든다. 즉 이상적인 호흡은 아닌 것이다. 호흡이 고요해지면 마음은 자연히 고요해지고 몸 또한 고요해진다. 그때 최상의 사경 수행은 이루어진다. 즉 마음과 뜻이 하나로 모아져 고요해진 몸을 통해 사경 수행이 원만히 이루어진다. 마음이 흐트러지면 계선도 곧게 그어지지 않는다. 경문의 서사는 말할 것도 없다. 또한 오자와 탈자가 생긴다. 즉 호흡이 모두 적절히 조화를 이룰 때 사경 수행은 원만히 성취된다. 그 바탕에 호흡이 있다.

사경 수행할 때의 명상법

사경할 때 호흡이 안정되면 자연스럽게 관법觀法과 염법念法으로 나아간다. 사경 수행할 때에는 사경에 앞서, 혹은 사경이 진행되는 도중에 부처님 법신을 관법하는 것이 좋다. 사경 수행은 법신사리를 조성하는 일이기 때문에 사경 수행 자체가 비로자나불을 주존으로 신앙하는 행위이면서 석가모니 부처님의 말씀을 서사書寫하는 행위이다. 그 때문에 석가모니불, 혹은 비로자나불을 관觀하거나 염念하는 것이 바람직하며, 사경하는 경전의 주존불을 관

하고, 염하는 것이 좋다. 예컨대 「관세음보살보문품」을 사경할 때에는 관세음보살의 위신력과 덕성 등을 관하고 염하며, 「보현행원품」을 사경할 때에는 보현보살의 행원 등을 관하고 염하며, 『지장보살본원경』을 사경할 때에는 지장보살의 서원을 관하고 염하는 것과 같다. 이렇게 관하고 염하기 위해서는 한 글자 한 글자 사경하면서 다른 망상이 쉬도록 해야 한다. 그리하면 관하고 염하는 석가모니불이나 비로자나불, 불·보살의 법신이 떠오르게 된다. 그것은 굳이 형상으로만 이루어지는 것은 아니다. 관하고 염하는 상황에 따라서 부처님의 법신인 글자가 환히 떠오르기도 하고, 부처님의 환희지 세계로 들어가기도 한다. 그럴 때 사경 수행은 저절로 깊어지고, 주체와 객체가 사라지게 된다. 즉 삼매에 들어가게 된다.

혹자는 사경하면서 관觀과 염念이 가능한지 의문을 품을 수 있겠지만, 이는 얼마든지 가능하다. 사경하는 과정은 매우 정밀하면서 천천히 이루어지기 때문에 특정 불보살님을 관하거나 염하면서 사경하는 글자 한 자 한 자에 오롯이 정신을 집중할 수 있다. 나아가 '나무아미타불' 육자명호나 석가모니불, 관세음보살 등의 명호를 사경할 때도 이러한 관법이나 염법은 삼매를 깊게 해 준다.

사경은 일념으로 임하지 않으면 오자와 탈자가 생기기 마련이다. 마음에 한번 번뇌가 일면 그 번뇌는 다른 번뇌를 불러온다. 그럴 때 호흡은 고요함을 잃게 되어 거칠어지며, 마음은 다시금 제멋대로 날뛰게 된다. 결국 점획과 글자가 흔들리게 되면서 더 이상의 사경 수행은 여의치 않게 된다. 이렇게 번뇌가 일 때에는 다시금 자세를 바로 잡고 마음을 가다듬고, 관법을 행하여 호흡을 고요히 한 후 붓을 드는 것이 중요하다. 마음이 앞서면 자연스럽게 번뇌는 밀려오게 마련이다. 따라서 이럴 때에는 결코 서두르지 말고 붓을 놓고 부처님을 관하는 지혜가 중요하다.

사경 수행을 하면서 사경하는 행위 자체를 화두로 삼는 일도 가능하다. 즉 '이뭣고(是甚麼)'라든가 '무無' 자를 쓰면서 화두를 드는 것이다. 그리고 '내가 왜 이 사경의 사성을 하고 있는가.' 하는 문제 또한 화두로 삼을 수 있다. '이 사경과의 인연은 어떠한 인연으로 얻게 되었는가.' 하는 문제 또한 화두가 될 수 있다. '부처님께서는 왜 이러한 말씀을 하셨을까' 하는 경전의 내

용을 화두로 삼는 것도 좋다. 사경했던 구절을 반복하면서 두 번, 세 번 참구를 계속하다 보면 부처님의 말씀의 참된 의미를 깨달을 수가 있다. 즉 법을 얻을 수가 있는 것이다.

이러한 점 때문에 사경을 처음 시작하는 초학자들에게는 일자불一字佛 사경을 권하고 싶다. '불佛' 또는 '보살菩薩'이라는 글자를 수백 번, 수천 번, 수만 번 사경하면서 참구하는 것이다. 이 일자불 사경 수행이 차츰 깊어지면 아미타불, 관세음보살 등을 정근하면서 부처님 및 보살님들의 명호를 외우며 사경하는 방법도 있다. 근세의 유마 거사로 불리는 백봉 김기추 거사는 일제강점기 때 감옥에 갇혔는데, 감옥의 사방 벽을 관세음보살 명호로 사경하고 염송하여 가피력을 입었다고 한다. 이는 사경 수행이 기도나 염불, 주력과 같이 업장 소멸에서 깨달음으로 이어질 수 있도록 연결시켜 준다는 것을 의미한다.

이제 사경 수행으로 지혜가 일어나고 삼매를 체험하기 시작하면, 대승 경전을 사경하는 것으로 사경의 깊이를 이어 간다. 사경 수행의 궁극적인 목적도 결국에는 깨달음으로 나아가는 것이고, 중생들에게 부처님 법을 전하는 것이기 때문이다. 이런 까닭에 사경 수행을 통한 불법의 전파가 꾸준히 이루어졌던 것이다. 그리고 사경 수행은 처음부터 이러한 역할을 성실히 수행할 수 있는 가장 중요한 방편이었기 때문에 오늘날까지 연면히 이어져 왔던 것이다.

펜 사경의 방법

펜 사경을 위한 펜의 종류는 만년필, 볼펜, 사인펜, 네임펜, 후리펜, 붓펜 등을 들 수 있다. 펜을 고를 때 가장 유의해야 할 점은 수성 펜이 아닌 유성 펜을 선택하여야 한다는 점이다. 수성 펜의 경우 습기에 약하고 물에 쉽게 번지기 때문이다. 따라서 수성 펜은 가급적이면 사용하지 않는 것이 좋다. 그리고 볼펜 또한 가급적이면 피하는 것이 좋다. 볼펜은 볼이 미끄러지기 때문에 정성을 들여 사경하는 것이 용이하지 않다. 사경은 마음과 글씨가 어울려야 하는데 볼펜을 사용할 경우 마음보다 글씨가 앞서가기 때문에 가급적이면 피하는 것이 좋다. 네임펜은 유성이지만 펜을 지면에 오래 머물게 하면

잉크가 지면을 침투하여 다음 페이지에 배는 단점이 있다. 따라서 네임펜도 사경하기에는 적합하지 않다.

따라서 펜 사경을 할 때는 가급적이면 붓펜을 사용하길 권한다. 붓펜은 유성이면서 끝이 날카롭고 획의 굵기를 어느 정도 조절할 수 있다. 그리하여 붓 사경과 같은 효과를 어느 정도는 낼 수 있고 빠른 서사가 쉽지 않다. 즉 느린 속도의 사경이 이루어질 수밖에 없는 것이다. 따라서 수행의 효과를 어느 정도 얻을 수 있다. 그리고 붓글씨와 같은 효과도 어느 정도 낼 수 있어서 사경을 끝낸 후 보기에도 좋다.

한 가지 더 유의할 점은 붓펜의 잉크가 다할 때까지 사경을 해서는 안 된다는 점이다. 잉크가 부족할 때에는 조금 아까운 생각이 들더라도 새 것으로 교체하든지, 아니면 잉크를 보충하여 잉크의 농도가 고르도록 해야 한다. 부처님 말씀을 옮겨 적는 사경 수행할 때 잉크를 아까워해서는 결코 사경 수행을 원만하게 이룰 수 없다. 이 때문에 사경을 시작하기 앞서 미리 잉크와 펜의 상태를 점검해 두는 것이 필요하다.

붓 사경에서 붓을 잡고 운필할 때 붓대와 필봉을 수직으로 세워야 하지만, 펜 사경에서는 붓펜을 60°정도 눕혀 사용해도 된다. 물론 이렇게 서사 도구를 눕혀 사경하면 정신이 오롯이 종이와 글씨에 담기기 어렵기에 그리 권장할 만한 방법이 아니다. 그러나 불가피하게 펜을 사용하여 사경을 할 때에는 눕혀 사경하는 것이 좋다. 붓 사경할 때와 마찬가지로 펜 사경할 때에도 사경지를 오른쪽 가슴 정면에 두고 왼쪽 가슴 정면에는 저본 경전을 둔다. 그리고 한 글자, 혹은 문장의 한 어절별로 구분하여 사경한다. 이때에도 허리를 곧게 세우고 가슴을 펴고 가장 편안한 자세를 취하고, 사경지를 비뚤어지게 놓지 않도록 유의한다. 배는 경상에 붙이지 않도록 하는데, 배를 경상에 붙이면 마음이 온전히 사경지에 배도록 하는 것이 불가능하다. 즉 마음이 모아지지 않는 것이다. 따라서 배는 경상으로부터 5~10cm 정도 떨어지도록 한다. 또 다리는 꼬거나 비스듬히 기울이거나 하지 않도록 하며, 어깨 넓이만큼 벌리고 바른 자세를 유지하는 것이 좋다. 호흡 역시 마찬가지이다. 빠르거나 느리지 않으면서도 끊어지지 않고 자연스럽게 이루어지도록 한다.

펜 사경할 때 유의점

펜 사경은 매우 간편하다. 용지와 서사 도구가 간편하여 사경에 필요한 여러 도구를 따로 정리해 두어야 할 필요가 없으며 장소 또한 매우 자유스럽다. 그러나 이러한 편리함만큼 마음이 해이해지기 쉽다는 단점이 있음에 유의한다. 따라서 붓 사경보다도 더 조심스럽게 격식과 의식을 갖추는 일이 중요하다. 여기서 통일신라시대 우리 조상들의 사경의 방법을 소개한다.

> 사경을 하는 법은, 닥나무 뿌리에 향수를 뿌려 생장시키며 닥나무가 다 자란 연후에는 닥나무 껍질을 벗기는 자나 연마하는 자나 종이를 만드는 자, 사경을 하는 자, 표지와 변상도를 그리는 자, 심부름을 하는 자 등 모두 보살계를 받아야 하고 재식齋食(음식을 청결히 가려 먹음)해야 하며 위의 사경에 참여한 사람들이 만약 대소변을 보거나 누워 잠을 자거나 음식을 먹거나 했을 때에는 향수로 목욕을 한 연후라야 사경하는 곳에 나아간다.
>
> _신라 백지묵서『대방광불화엄경』사성기 중에서

우리 조상들이 사경에 임할 때 취했던 방법이다. 펜 사경을 하는 불자들은 깊이 생각해 보아야 할 것이다. 펜 사경은 편리함으로 인하여 소홀히 할 수 있는 부분이 너무나 많다. 따라서 이러한 위험을 피하기 위해서는 다음 사항에 항상 유의해야 한다.

첫째, 아무 때고 쉽게 펴서 사경해서는 안 된다. 또 아무 때고 쉽게 덮어버려서도 안 된다. 사경을 쉽게 생각하여 도중에 다른 잡된 생각과 행동을 해서는 안 된다는 것이다. 항상 시간을 분명히 정해두고 그 시간만큼은 붓 사경을 하는 수행자들보다도 엄격히 지킬 수 있어야 하는 것이다.

둘째, 주변을 보다 청결히 하고 늘 정리 정돈해 두어야 한다는 점이다. 이는 편리함만큼 쉽게 사경에 임할 수 있음을 경계해야 한다는 의미이다.

셋째, 도구의 관리를 보다 철저히 하여야 한다. 붓펜을 사용한 후에는 항상 지정한 필통에 가지런히 꽂아 두어야 하고, 사경 책 역시 항상 바르게 잘 덮어 경상에 바르게 두어야 한다. 즉 다음 사경에 임할 때까지 청결과 정돈에 보다 유의해야 함을 의미한다.

넷째, 의욕을 너무 앞세워서는 안 된다. 의욕을 앞세우다 보면 아무 때고

자투리 시간에 사경을 하게 되어 앞서의 계획적인 사경 수행의 실천이 어려워지게 되기 때문이다.

다섯째, 사경을 마친 후 사성한 사경을 함부로 다루어서는 안 된다. 쉽게 이룬 것은 쉽게 흩어지게 되어 있다. 즉 쉽게 다루어지기 쉬움을 경계해야 한다는 말이다. 사경은 법신사리이기 때문에 사성을 다 마친 후에도 여법하게 보관해야 한다. 그러기 위해서는 경함을 미리 준비해 두는 것이 좋다. 그리하여 경함에 차곡차곡 봉안해 두고 청결히 관리해야 하는 것이다.

사경 수행 의식 절차

개인이 가정에서, 직장에서, 또는 다른 장소에서 사경 수행할 때 간략한 의식이 필요하다. 절에서 많은 사람들이 함께 사경할 때에는 사경 의식을 거쳐야 하지만, 개인이 사경할 때에는 복잡한 의식을 거치지 않아도 된다. 다만 개인이 사경할 장소 주변의 정리, 즉 사경 도량을 청정하게 하면서 마음의 준비를 하고, 사경 도구와 재료를 청정히 하는 과정은 어떠한 경우라도 엄수해야 한다. 가장 먼저 해야 할 순서는 사경하는 도량을 청정히 하는 것이다. 그 이후 사경 재료와 도구들이 청정한지 확인하고, 자신의 몸과 마음을 청정하게 한다. 개인 사경할 때에는 이러한 순서로 하는 것이 좋다. 밖으로부터 안으로, 그리고 내면으로 차츰 좁혀 들어가는 것이 바람직하다.

──● 펜 사경

① 깨끗한 붓펜이나 유성펜 등
② 신선한 종이(한지가 아닌 양지, 혹은 사경 책)
③ 피로하지 않은 손과 팔
④ 피로하지 않은 눈
⑤ 맑은 정신
⑥ 최적의 주변 환경

──● 의식 절차

이러한 조건이 갖추어지면 사경소로 나아가 사경을 하는데 다음과 같은 순서로

사경할 것을 권한다. 먼저 이발, 면도, 목욕 후 깨끗한 옷을 입는다.

① 주변을 깨끗이 정리 정돈한다.(이때 독경 테이프나 범패를 듣는 것도 좋다.)
② 깨끗한 필묵(펜 사경의 경우는 붓펜이나 유성펜)을 준비한다.
③ 향을 사른다.
④ 몸과 마음을 바로 한다.
⑤ 삼귀의
⑥ 사경하려는 경전을 독송(내용을 마음에 새긴다.)
⑦ 사경 발원문 낭송
⑧ 삼배(불단이 조성되지 않았을 경우에는 저본 경전에 삼배를 올린다.)
⑨ 입정(최소 5분 이상)
⑩ 사경(사경하면서 경전의 내용을 다시 마음에 새긴다.)
⑪ 개인 발원문을 적는다.
⑫ 오자·탈자를 확인하며 사경한 경전을 독송
⑬ 사경 회향문을 독송
⑭ 사홍서원
⑮ 삼배(불단, 혹은 저본 사경과 사성한 사경에 삼배를 올린다.)
⑯ 사성한 사경을 사경함에 보관(사경함이 없을 때는 깨끗한 곳에 별도로 둔다.)

사경 도중에는 일체의 잡된 일을 하지 않도록 한다. 예컨대 전화도 잠시 꺼 두고 가능하면 정한 시간만큼은 다른 장애물이 끼어들지 않도록 미리 조치한다. 혹 사경 도중에 부득이하게 중단했을 경우에는 입정의 시간을 다시 갖도록 한다. 입정을 통해 마음을 다시 가다듬지 않으면 집중이 흐트러지거나 마음이 급해져 오자나 탈자가 이루어지기 쉽다. 이럴 때에는 수행이 이루어지지 않는다. 사경은 부처님의 말씀을 옮겨 쓰면서 마음에 새기는 수행이기 때문에 일심으로 임해야 한다. 오자나 탈자는 부처님 말씀을 마음대로 바꾸는 행위가 되기 때문에 특히 주의해야 한다.

_ 김경호
(한국전통사경연구원 원장)

而為上首　諸大聲聞　并諸人天　一切

世主天龍　夜叉　乾闥婆　阿修羅　迦

樓羅　緊那羅　摩睺羅伽　人非人等

一切大衆　聞佛所説　皆大歡喜　信受

奉行　●